와글와글
**어린이
경제 수업**

와글와글 어린이 경제 수업

초판 1쇄 발행 2019년 4월 30일
초판 7쇄 발행 2023년 6월 29일

글쓴이 김세연
그린이 홍화정

편집장 천미진 | 편집 최지우, 김현희
디자인 책임 최윤정 | 마케팅 한소정 | 경영지원 한지영

펴낸이 한혁수
펴낸곳 도서출판 다림
등　록 1997. 8. 1. 제1-2209호
주　소 07228 서울시 영등포구 영신로 220 KnK 디지털타워 1102호
전　화 02-538-2913 | 팩　스 070-4275-1693
블로그 blog.naver.com/darimbooks
다림 카페 cafe.naver.com/darimbooks
전자 우편 darimbooks@hanmail.net

ISBN 978-89-6177-194-8 (73320)
　　　978-89-6177-045-3 (세트)

이 책 내용의 일부 또는 전부를 사용하려면 반드시 저작권자와 도서출판 다림의 서면 동의를 받아야 합니다.
책값은 뒤표지에 있습니다.

이 도서의 국립중앙도서관 출판예정도서목록(CIP)은 서지정보유통지원시스템 홈페이지(http://seoji.nl.go.kr)와
국가자료종합목록시스템(http://www.nl.go.kr/kolisnet)에서 이용하실 수 있습니다(CIP제어번호 : CIP2019013694).

제품명: 와글와글 어린이 경제 수업	제조자명: 도서출판 다림	제조국명: 대한민국	⚠ 주　의
전화번호: 02-538-2913	주소: 서울시 영등포구 영신로 220 KnK 디지털타워 1102호		아이들이 모서리에 다치지 않게 주의하세요.
제조년월: 2023년 6월 29일	사용연령: 10세 이상		

※KC마크는 이 제품이 공통안전기준에 적합하였음을 의미합니다.

와글와글 어린이 경제 수업

김세연 글
홍화정 그림

다림

차례

1장 우리도 경제 활동을 한다고?

용돈을 쓸까, 말까? ·················· 10

돈의 기능 ························ 11

소비와 저축의 의미 ··················· 12

신상품을 만드는 소비 ················· 14

대공황 ························· 17

금융의 뿌리, 저축 ··················· 19

2장 물건을 사려면 돈이 필요해!

일하지 않고 돈 벌기 ·················· 24

불로 소득은 누군가의 노동 소득 ·········· 27

불로 소득과 세금 ····················· 29

3장 물건값은 누가 정할까?

수요와 공급의 법칙 ··················· 34

도시와 시골 ························· 38

시장의 역할 ························· 39

시장을 파괴하는 독점 ················· 42

4장 물건은 누가 만들까?

기업을 만든 이유 ·············· 48

기업의 목적과 역할 ············ 50

기업의 사회적 역할 ············ 53

블루오션과 레드오션 ··········· 55

인건비를 줄여 이윤을 얻는 기업 ······ 56

노동 3권 ··················· 58

5장 은행은 왜 돈을 빌려줄까?

은행의 역할 ················· 62

최초의 은행 ················· 65

뱅크런 ···················· 66

은행을 구하는 중앙은행 ········· 68

세금

6장 국가는 어떻게 돈을 벌까?

국가의 생활비, 세금 ········· 74

세금의 유래 ········· 74

직접세와 간접세 ········· 77

불평등을 해소하는 세금 ········· 78

7장 모두가 행복하게 살 수 있어!

상인과 무역 ········· 86

국가에 이익을 주는 무역 ········· 88

분업의 원리 ········· 92

무역에서의 분업 ········· 93

피해만 보는 국가 ········· 95

1장 우리도 경제 활동을 한다고?

차곡아, 햄버거를 사면 포토카드를 준대. 우리도 먹고 가자.

싫어! 햄버거 사 먹을 돈 없어.

왜? 너 아직 용돈 많이 남았잖아.

이번 달부터 저금하기로 해서 막 쓰면 안 돼.

돈은 쓰라고 있는 거야.

 돈은 무조건 아껴야 돼.

용돈을 쓸까, 말까?

혹시 용돈을 써야 되나, 말아야 되나 하는 고민을 해 본 적 있니? 돈을 쓰고는 싶은데 한 번에 다 쓰면 안 될 것 같고, 쓰지 말자니 사고 싶은 게 너무 많지. 그런데 이러한 고민은 어른들도 똑같이 하고 있어. 저축을 해야 하나 아니면 소비를 해야 하나 하고 말이지. 심지어 약 500년 전 유럽의 한 도시에서는 이 문제로 심각한 논쟁을 벌인 적도 있대. 어때, 신기하지? 어찌 보면 별거 아닐 것 같은 용돈을 쓸지 말지 하는 고민이 사람들이 오랫동안 고민해 온 문제라는 것이 말이야. 내가 쓰는 돈은 처음에는 나 자신에게만 의미가 있지만, 그 돈이 다른 사람에게 넘어가는 순간 사회 전체에 의미가 생겨.

'나비 효과'라는 말을 들어 본 적이 있니? 한 마리 나비의 날갯짓이 거대한 허리케인을 가져올 수 있다는 이론이야. 나비의 날갯짓 같은 하나의 작은 움직임이 거대한 변화의 씨앗이 된다는 뜻이지. 우리가 살고 있는 자본주의 경제 시스템, 즉 상품을 생산하고 판매하여 다시 더 많은 상품을 생산하는 데 필요한 자본을 모아야 되는 시스템에서는 바로 '돈'의 소비와 저축이 그런 역할을 해. 그렇기 때문에 많은 사람들이 소비냐 저축이냐의 문제로 고민을 한 거야. 때로는 소비와 저축이라는 작은 행동이 거대한 경제 위기를 만들 수도 있거든.

나비 효과

'브라질에서 나비 한 마리가 날갯짓을 하면, 미국 텍사스에서는 토네이도가 일어난다'라는 말을 들어 본 적이 있니? 이건 나비 효과를 한마디로 설명하는 말이야. 나비의 날갯짓처럼 아주 작은 행동 하나만으로도 커다란 기상 변화를 만들어 낼 수 있다는 뜻이지. 나비 효과는 원래 기상 예측을 할 때 사용되던 과학 용어였지만, 지금은 과학이나 경제 등 분야를 막론하고 작은 사건으로 예상하지 못한 엄청난 결과를 가져오는 모든 사회 현상을 나타낼 때 사용해.

2011년 어느 날, 국가의 신용 등급을 평가하는 회사가 미국의 신용 등급을 한 단계 낮추어서 평가했어. 이 자체는 그리 특별한 일이 아니었지. 그런데 미국이라는 거대한 나라의 신용 등급이 내려가자, 미국에 돈을 빌려주었던 많은 나라들이 경제 위기에 빠지기 시작했어. 미국에 돈을 빌려주었던 나라들도 미국으로부터 돈을 받지 못해 경제 위기에 빠질 수 있다는 평가를 받기 시작했거든. 한마디로 신용 등급 평가 회사의 작은 날갯짓이 세계 경제 위기라는 거대한 토네이도를 몰고 온 거야.

돈의 기능

소비와 저축 중 어떤 것이 먼저인지를 알아보기 전에 우리가 사용하는 돈의 여러 가지 기능부터 간략히 알아볼까? 돈은 '상품의 가격을 측정'해 줘. 편의점이나 마트에서 파는 상품에 가격표가 붙어 있는 것을 본 적 있지? 이게 바로 돈이 상품의 가격을 측정하고 있다는 걸 나타내. 그리고 돈에는 '교환 기능'이 있어. 우리는 물건을 살 때 정해진 상품 가격을 지불하

고 상품을 가져와. 이걸 돈과 상품을 서로 바꿨다고 해서 교환 기능이라고 해. 이 기능 덕분에 우리는 필요한 물건을 돈을 주고 구입할 수 있는 거지. 마지막으로 돈은 미래를 대비하는 중요한 역할을 해. 바로 '가치를 저장'하는 기능이지. 돈에는 그 액수만큼의 가치가 들어 있어. 그래서 저축은 돈의 가치를 저장하는 일이라 말할 수 있지.

소비와 저축의 의미

돈의 기능을 알았으니 이제 소비와 저축에 대해서 차근차근 살펴볼 차례야. 우선 소비와 저축에 대해 돈을 사용하는 사람을 기준으로 생각해 보자. 우리는 왜 소비와 저축 사이에서 고민해야 할까?

쉽게 생각하면 금방 답을 떠올릴 수 있어. 돈을 쓴다는 건 무언가를 시장에서 교환한다는 의미야. 소비는 내가 필요한 상품을 돈을 주고 사는 행위를 말해. 친구의 생일 선물을 살 수도 있고, 평소에 읽고 싶었던 책을 살 수도 있어. 혹은 미용실에서 머리를 자르고 커트비를 지불할 수도 있지. 이때, 책처럼 형태가 있어 만질 수 있거나 눈으로 볼 수 있는 것을 '재화'라 하고, 커트처럼 생산된 재화를 운반·배급하거나 생산·소비에 필요한 노무*를 제공하는 것을 '서비스'라 하는데, 재화와 서비스에 돈을 쓰는 활동을 합쳐 '소비'라 말해.

* 노무
임금을 받으려고 육체적 노력을 들여서 하는 일

돈을 주고 내게 필요한 물건을 사는 것은 철저히 나의 현재를 위한 일이지. 만약 배가 고파 빵을 사 먹었다면, 빵을 산 소비 행위가 허기를 채우고 싶다는 욕구를 충족해 준 거잖아. 그리고 이런 소비는 간접적으로 미래를 준비하는 역할도 해. 예를 들어 도예가가 되기 위해 전문가에게 수업료를 지불하고 수업을 받고, 도예 연습을 위한 도예 재료를 사야 하는 것처럼 말이야. 현재를 충실히 보내야 미래를 대비할 수 있거든. 그렇기에 사람들은 '돈은 쓰라고 있는 것'이라고 말하곤 하지.

그럼 저축은 어떤 의미가 있을까? 저축은 말 그대로 돈을 모으는 일을 말해. 돈을 모아 두면 나중에 필요할 때 언제든 사용할 수 있어. 창고에 쌀을 저장해 두면 필요할 때 밥을 해 먹을 수 있는 것처럼, 돈도 모아 두면 내가 필요할 때 쓸 수 있거든.

이런 저축은 소비와 달리 미래를 직접적으로 대비해 주는 기능이 있어. 그래서 저축을 해야 한다는 말에는 현재를 조금 희생해서라도 앞으로 다가올 미래를 준비하자는 의미가 담겨 있지. 현재만을 위한 소비를 하다가는 앞으로 어떤 일이 일어날지 모르는 미래가 너무나도 불안해질 수 있으니까 말이야.

'용돈을 써야 할까, 저축을 해야 할까?' 하는 고민에는 '현재를 즐길까, 불안한 미래를 대비해야 할까?' 하는 고민이 담겨 있다고 할 수 있어. 각자가 선택할 문제이겠지만 쉽게 선택하기 어려운 일이지.

신상품을 만드는 소비

미래를 대비하는 일은 어쩌면 현재를 즐기는 일보다 더 중요할 수 있어. 우리가 당장은 힘들어도 공부를 열심히 하는 건 앞으로 다가올 미래를 대비하기 위해서잖아. 그래서 부모님과 선생님들이 우리에게 열심히 공부하라고 하는 거고. 앞에서 소비는 현재를 위하는 일이고, 저축은 미래를 위한 일이라고 한 거 기억하지? 그런데 이런 소비와 저축의 의미는 전체 경제에서 보면 조금 달라져. 우리에게 소비는 단순히 돈을 쓰는 거라고 생각하기 쉽지만, 내가 쓴 돈이 어디로 흘러가는지 생각해 봤니? 돈은 돌고 돌아서 돈이라고 한다는 말이 있어. 내가 돈과 물건을 교환하면 그 돈은 어디론가 가게 되어 있거든. 만약 돈이 움직이는 길을 찾고 싶으면, 우리가 시장에서 구입한 상품이 어떻게 우리에게 오게 되었는지 생각해 보면 돼.

대형 마트에 장난감을 사러 갔다고 생각해 볼까? 사실 대형 마트라는 곳은 온갖 상품을 모아 놓는 곳일 뿐이지, 그곳에서 장난감을 직접 만들지는 않아. 그렇기 때문에 대형 마트는 장난감을 만든 곳에서 상품을 가져와야 해. 이때 대형 마트는 상품을 만든 공장에서 직접 물건을 가져올 수도 있지만, 대부분은 중간 지점을 거쳐서 대형 마트로 오게 되어 있어. 왜냐하면 대형 마트는 무수히 많은 상품을 모아 놓아야 하는데, 상품이 생산되는 곳을 일일이 찾아다니는 것은 비용도 많이 들고 힘들잖아. 그래서 장난감이라는 특정 상품만을 모아 놓는 곳을 이용하는 것이지. 바로 이런 중간 지점에서

대형 마트가 도매업자를 통해 장난감 공장에서 장난감을 구입하는 과정이야. 장난감 이외에 다른 상품도 대부분 이런 방식으로 거래를 하지.

대형 마트가 상품을 구입하는 행위를 '도매'라고 해. 도매를 하면 다양한 장난감을 한 번에 구입할 수 있는 장점이 있거든. 만약 이런 도매업자가 없다면 대형 마트가 직접 인형, 로봇, 자동차, 드론 등의 상품을 만드는 공장을 다 돌아다녀야 할 거야.

대형 마트와 도매업자, 장난감 공장은 밀접하게 연결되어 있어. 대형 마트가 도매업자에게 돈을 주고 장난감을 구입하면, 도매업자는 장난감을 만드는 공장에 돈을 줘. 그럼 장난감 공장은 그 돈을 가지고 다시 장난감을 만들게 되는 거야. 다시 말해 우리가 장난감을 돈을 주고 구입해야만 장난감 공장에서도 계속 장난감을 만들 수 있지. 공장에서 더 좋은 장난감을 만들기 위해서는 돈이 필요하기 마련이거든. 그 결과 대형 마트도 다양한 상품을 갖다 놓을 수 있게 되는 거고. 이 과정을 정리하면, 소비가 있어야 경제가 돌아간다고 말할 수 있어. 왠지 소비라는 행위가 대단해 보이지 않니? 그래서 '소비가 미덕'이라는 말이 생겨났는지도 몰라.

게다가 소비는 좋은 상품을 시장에 데뷔시키는 능력도 있어. 어떻게 가능하냐고? 상품을 판매하는 기업은 소비자가 필요로 하는 것을 만들고 싶어 해. 그래야만 물건도 팔리고 기업도 이익을 얻을 수 있지. 기업의 이런

윤리적 소비

소비를 할 때 윤리적 가치를 우선적으로 생각하면서 하는 소비를 '윤리적 소비'라고 해. 이를 테면 환경을 파괴하거나 동물을 학대하고, 인권을 무시한 채 생산된 상품 구매를 거부하는 거지. 환경과 동물을 보호하고, 인권을 보장하며 생산된 상품을 소비하는 것을 의미하기도 해. 잘못된 방식으로 생산된 상품을 소비하지 않게 되면, 더 이상 그런 방법으로 상품을 생산하지 않을 테니깐 말이야. 예를 들어 아무도 모피 코트를 구매하지 않으면, 모피 코트는 더 이상 생산되지 않게 될 거야. 그러면 모피를 얻기 위해 동물에게 가해졌던 학대를 없앨 수 있지.

동물 보호 단체에서 모피 반대 캠페인을 진행하고 있어. ©연합뉴스

성향을 소비자가 현명하게 이용하면 시장에도 더 좋은 물건이 등장할 수 있어. 한번 생각해 볼까? 만약 모든 소비자들이 품질이 안 좋은 상품을 광고에 속아서 비싸게 주고 산다면 기업은 좋은 상품을 개발할 이유가 없어질 거야. 광고만 잘하면 품질이 안 좋은 상품이라고 해도 잘 팔리니까 말이야. 그렇게 되면 소비자들은 계속 나쁜 상품을 사용할 수밖에 없을 거고, 기업도 좋은 상품을 만들 이유가 없어지지. 그래서 광고나 유행에 현혹되지 않는 소신 있는 소비가 필요해. 조금 더 비싸더라도 인간이나 동물, 환경에 해를 끼치지 않는 상품을 구매하려는 소비자가 늘어나고 있는 이유도 바로 이 때문이지.

대공황

소비는 경제 전체에서 보면 분명 더 좋은 상품을 많이 만들 수 있게 도와줘. 하지만 소비가 언제나 긍정적인 영향만 미치는 것은 아니야. 1929년 미국에서는 대공황이 일어났는데, 당시 공장들이 갑자기 문을 닫고, 사람들 역시 일자리를 잃었어. 한순간에 나라 경제가 위기에 빠졌지. 뉴욕의 센트럴 파크가 노숙자들로 뒤덮였을 정도로 엄청난 재앙이었다니깐.

그런데 이 재앙의 시작이 소비에서부터 시작되었다고 하면 믿을 수 있겠어? 제1차 세계 대전이 끝나면서 미국의 경제는 엄청난 성장을 경험하게 돼. 오랜만에 찾아온 평화 덕분에 사람들은 앞다퉈 시장으로 달려갔지. 그러고는 전쟁 때문에 살 수 없었던 물건들을 사기 시작했어. 전쟁이라는 미래의 불안이 없어졌으니 다들 현재를 위해 소비를 시작한 거야.

소비는 점점 활발해졌고, 기업들 역시 소비자의 욕구를 충족시키기 위해 더 많은 상품을 생산했어. 당시 미국 경제는 계속 성장만을 하고 있었으

간판에 "실업자에게 커피와 도넛을 공짜로 드립니다."라고 적혀 있어. 끝이 보이지 않는 긴 줄만 봐도, 당시 실업자 문제가 얼마나 심각했는지 알 수 있지.

니 문제가 있다고 생각하기 어려웠지. 그런데 어느 날 갑자기 모든 것이 멈춰 버렸어. 정확한 이유는 여전히 논쟁이 되고 있지만, 전문가들은 당시 미국의 기업들이 너무나도 많은 상품을 생산한 걸 원인으로 꼽아. 팔리는 물건보다 팔 물건의 양이 많으니 당연히 팔리지 않는 상품은 창고에 계속 쌓였고, 공장도 수익이 없으니 사람들에게 더 이상 월급을 주지 못했어. 어쩔 수 없이 공장은 문을 닫게 되었고, 그 결과 많은 사람들이 일자리를 잃었지. 그렇게 하나의 공장이 문을 닫자 이번에는 물건을 판매하는 곳도 문을 닫아 버렸어. 따라서 일자리를 잃는 사람들이 자꾸만 생겨날 수밖에 없었지. 일자리를 구하지 못한 사람들이 많아지다 보니 생산한 상품을 소비할 사람들은 더욱 줄어드는 악순환이 이어졌고, 마침내 거대한 경제 위기가 미국을 덮친 거야.

금융의 뿌리, 저축

그럼 저축은 어떨까? 저축은 돈을 순환시켜 경제를 안정적으로 만드는 역할을 해. 저축이 돈을 순환시킨다니, 언뜻 들으면 모순되는 것 같지만 사실이야. 일반적으로 은행에 돈을 저축하면, 은행은 저축에 대한 이자를 주지. 뭔가 이상하지 않아? 왜 우리가 은행에 돈을 맡기는데 보관비를 내지 않고 도리어 돈을 받는지 말이야.

은행이 이자를 주는 이유는 생각보다 간단해. 은행은 우리가 맡긴 돈을 이용해서 더 많은 돈을 벌기 때문이야. 은행은 사람들이 저축한 돈을, 돈이 급하게 필요한 사람에게 다시 빌려줘. 사람들이 은행에 맡기는 돈을 '예금', 은행에서 돈을 빌려주는 것을 '대출'이라고 표현하지. 은행은 대출의 대가로 이자를 받고, 그 이자의 일부를 저축한 사람에게 돌려주는 거야.

이 과정에서 돈은 순환하기 시작해. 우리가 한 저축이 은행을 통해 다시 필요한 사람들에게 흘러가지. 이뿐만이 아니야. 누군가는 은행을 통해 새로운 기회를 얻기도 해. 예를 들어 상품 생산자가 은행에서 생산에 필요한 돈을 빌려 상품을 만들 수 있는 것처럼 말이야. 미래를 위해 저축한 돈이 결국은 누군가에게는 새로운 기회를 준다니 참 재미있지?

어때, 용돈을 쓸지 말지 하는 고민이 이렇게 복잡할 줄 몰랐지? 아마 그래서 많은 사람들이 소비와 저축에 대해서 오랫동안 고민해 왔을 거야.

화폐의 역사

화폐가 사용되기 전에는 필요한 물건을 어떻게 구했을까? 옛날에는 서로 필요한 물건을 직접 교환했어. 사실 이런 물물 교환은 적은 양의 물건을 교환하기에는 크게 불편하지 않지. 하지만 문명이 발달하면서 다양한 물건을, 그것도 대량으로 교환할 필요가 생기면서 물물 교환 대신 화폐를 통한 교환이 이루어졌어. 처음엔 조개껍데기를 사용하여 물건을 교환했고, 시간이 더 지나면서 금과 은이 화폐의 자리를 차지하게 됐어. 교환할 물건의 가치가 커지면서 화폐 역시 가치가 큰 재료를 사용한 거야. 그래서 한때는 금이나 은으로 만든 동전이 화폐의 일반적인 모습이었어.

금이나 은 같은 귀금속은 분명 가치가 컸기에 많은 물건을 교환할 수 있었어. 하지만 그런 귀금속은 구하기가 쉽지 않았어. 화폐는 점점 더 많이 필요해졌는데, 금이나 은은 그만큼 구하기 쉽지 않았던 거지. 그래서 사람들은 금과 은 대신에 종이 화폐, 즉 지폐를 사용하기 시작했어. 종이는 가치가 크지는 않지만, 언제든지 쉽게 구할 수 있는 재료였거든. 더욱이 경제가 성장하면서 돈의 크기도 커졌고, 이를 감당하기 위해서는 어쩔 수 없이 가볍고 사용이 편리한 지폐를 사용할 수밖에 없었지.

  그러나 현재에는 신용 카드가 보편화되었어. 더 이상 돈을 가지고 다니지 않게 된 것이지. 또한 정보 통신 기술이 발달하면서 스마트폰이나 인터넷으로도 쉽고 빠르게 결제할 수 있게 되었어. 그러다 보니 카드도 들고 다닐 필요가 없어졌어. 미리 계좌를 등록해 두면 한 번의 터치로도 물건을 구입할 수 있거든. 최근 등장한 큐알 코드 결제, 삼성페이나 네이버페이 등 모바일 간편 결제 시스템도 많은 사람들이 이용하고 있지.

2장 물건을 사려면 돈이 필요해!

일하지 않고도 돈을 벌 수 있어.

돈은 열심히 일해서 벌어야 해.

일하지 않고 돈 벌기

이솝 우화 〈개미와 베짱이〉 때문일까? 우리는 개미처럼 열심히 일해야만 돈을 벌 수 있다고 생각해. 추운 겨울을 나기 위해서는 뜨거운 여름을 열심히 일하면서 보내야 된다고 생각하지. 하지만 현실에서는 꼭 그런 것만은 아니야. 어떤 사람들은 아무리 열심히 일해도 큰돈을 벌 수 없지만, 또 어떤 사람들은 베짱이처럼 놀면서 돈을 벌기도 해. 세상이 변하면서 개미

와 베짱이의 이야기도 현실과 맞지 않는 부분이 생긴 거지.

그런데 어떻게 일하지 않고 돈을 벌 수 있을까? 보통 일하지 않고 번 돈을 '불로 소득'이라고 불러. 노동을 하지 않고 소득이 생겼다는 뜻이지. 대표적인 불로 소득이 부동산 임대료야. 땅이나 건물같이 움직여 옮길 수 없는 재산을 부동산이라고 부르는데, 이 부동산을 소유한 사람들은 자신의 땅이나 건물을 필요한 사람에게 빌려주고 돈을 받는 거지.

혹시 임대인이나 임차인이라는 말을 들어 봤니? 임대인은 부동산을 소유해서 빌려주는 사람이고, 임차인은 임대인으로부터 부동산을 빌리는 사람이야. 보통 임차인은 부동산을 빌리는 대가로 사용료를 지급하는데, 이를 임대료라고 부르지. 이것이 임대인 입장에서는 아무 일도 하지 않고 돈

불로 소득

부동산 임대료뿐만 아니라 은행에서 받는 이자, 부모님에게 물려받은 재산, 복권에 당첨되어서 받는 돈 등도 불로 소득에 속해. 불로 소득은 노동의 대가가 아닌 다른 이유로 돈이 생기는 소득이거든. 쉽게 말해 복권에 당첨되어 받는 돈은 우리가 일해서 얻은 돈이 아닌 그저 복권 당첨이라는 우연에 의해서 얻게 된 돈, 즉 불로 소득인 거지.

그렇기 때문에 이런 불로 소득에 대해서는 어느 정도의 규제가 필요해. 모든 사람이 땀 흘려 일하지 않고 불로 소득만을 노리는 걸 막기 위해서지. 그래서 국가는 노동 소득보다 불로 소득에 더 높은 세율을 적용해 '불로 소득세'라는 세금을 부과하고 있어.

을 벌어다 주는 역할을 해. 게다가 상대적으로 쉽게 돈을 버는 것처럼 보이니 사람들은 부동산을 소유한 사람을 무척 부러워하지. 최근 청소년 장래 희망 1위가 건물주로 꼽히면서 '조물주 위에 건물주'라는 웃지 못할 말도 생겨났어.

동산과 부동산

동산과 부동산을 구별하는 기준은 바로 땅이야. 부동산은 토지와 토지에 단단히 붙어 있는 물건을 말하거든. 부동산 이외의 물건은 동산이라고 해. 다시 말해 토지에 부착되어 있지 않아서 언제나 이동이 가능하면, 그 물건은 동산이 되는 거야. 대표적인 동산은 자동차야. 언제든지 움직일 수 있으니까. 그에 반해, 토지 위에 건설해 이동이 불가능한 아파트는 부동산에 속하지.

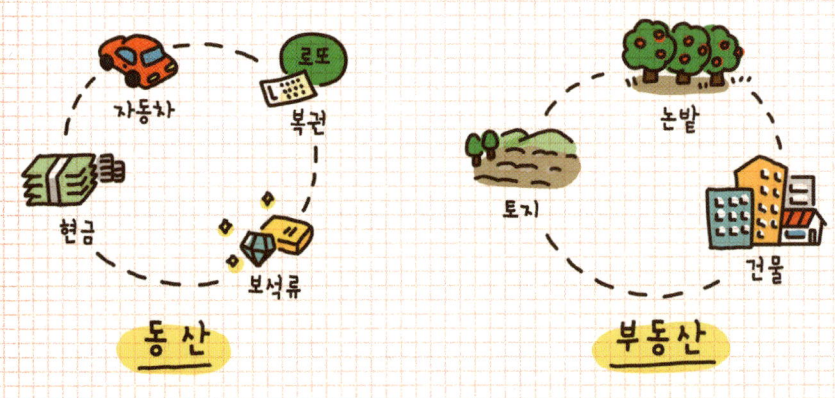

불로 소득은 누군가의 노동 소득

혹시 〈개미와 베짱이〉의 마지막 부분을 기억하니? 무더운 여름에 열심히 일한 개미는 그동안 일하면서 저축한 식량으로 추운 겨울을 따뜻하게 보내지. 그에 반해, 여름철 온종일 노래만 부른 베짱이는 배고픔에 시달려. 결국 베짱이는 추위와 배고픔을 이겨 내지 못하고 개미에게 먹을 것을 구하러 가. 다행히 마음씨 따뜻한 개미는 베짱이의 어려움을 외면하지 않지. 그런데 우리 한번 베짱이의 입장이 되어 볼까? 여름철 내내 노래만 부른 베짱이는 개미의 도움을 받아서 추운 겨울을 따뜻하게 보내게 돼. 그럼 과연 베짱이는 다음 해 여름에 열심히 일을 했을까?

베짱이는 추운 겨울을 나기 위해 개미가 일해서 번 노동 소득의 일부를 불로 소득으로 얻었어. 자신은 열심히 일하지 않고 개미가 일한 소득을 뺏은 거지. 물론 마음씨 착한 개미가 베짱이의 고통을 외면하지 않았기에 가

능한 일이었지만, 베짱이는 다음 해 여름에도 겨울을 대비하지 않을 가능성이 커. 왜냐하면 한번 불로 소득을 맛보면 그 달콤함에서 쉽게 빠져나오지 못하거든. 그러니 베짱이도 힘들게 일하는 것보다 개미에게 더욱 불쌍하게 보이기 위해 노력할 확률이 높겠지.

임대인은 자신이 소유한 부동산을 누군가에게 빌려주어야 불로 소득을 얻을 수 있어. 반드시 부동산을 빌리려는 임차인이 존재해야지만 불로 소득이 생기는 구조이지. 만약 임차인이 없다면 어떻게 될까? 임차인이 없으면 임대인은 수익 없이 부동산을 가지면 발생하는 세금만 내야 해. 잘못하면 손해를 볼 수 있어. 따라서 임대인에게 임차인의 존재는 무척 중요하지.

그럼 임차인은 어디서 수익을 얻어야 할까? 임대인에게 부동산 임대료를 주어야 하는 임차인은 〈개미와 베짱이〉 속 개미처럼 기업에서 성실하게 일해야 할 거야. 이는 대부분의 사람들이 돈을 버는 방식이지. 이렇게 일해서 버는 소득을 '노동 소득'이라고 불러. 결국 임차인의 노동 소득 중 일부가 부동산 임대인에게 넘어가서 임대인의 불로 소득을 만들어 주는 거지.

이런 이야기를 듣다 보면 어떤 생각이 들어? 역시 건물주가 되어야겠다는 생각이 드러나? 물론 크게 이상한 생각은 아니야. 하지만 주의할 게 몇 가지 있어. 우선 불로 소득을 창출하기 위해서는 그 수단이 필요해. 그런데 불로 소득을 창출하는 대부분의 수단을 마련하기 위해서는 엄청난 돈이 필요하지. 예를 들어, 아파트를 통해 불로 소득을 얻고 싶다고 가정해 보자. 그럼 내가 살고 있는 집 외에도 최소한 아파트 한 채가 더 있어야 해. 아파트 한 채를 마련하기도 힘든데 두 채를 마련하는 것은 더욱 많은 시간과 노력이 필요하겠지. 어쩌면 불로 소득을 얻는 편안한 삶을 살기 위해서 평생 가혹하게 일해야 될 수도 있고, 그것이 아예 불가능할 수도 있어. 이는 미래만을 위해 현실을 희생시키는 바보 같은 짓이 될 수도 있고 말이야. 미래만큼 현실도 중요한데 그걸 모르는 거지.

게다가 불로 소득은 기본적으로 노동 소득보다 더 많은 세금을 내야 해. 왜냐하면 소득은 언제나 노동을 제공한 대가로 얻어지는 게 정상적인 모습인데, 불로 소득은 자신의 노동 없이 누군가의 노동을 통해서만 얻어지기 때문이지. 그래서 국가는 불로 소득보다 노동 소득을 장려하기 위해 불로 소득에 더 많은 세금을 매기고 있어.

불로 소득과 세금

〈개미와 베짱이〉 속 개미가 참 바보 같다고 생각하는 친구도 있을 거야. 자신이 열심히 일한 대가를 게으름만 피운 베짱이에게 나누어 주었으니까 말이야. 어쩌면 베짱이도 개미에게 고마움을 느끼기보다는 이용하기 좋은 만만한 상대라고 생각할 수도 있지. 자신은 여름 내내 일하지 않고도 개미에게 빌붙어 겨울을 따뜻하게 보낼 수 있었으니깐 말이야.

경제학에서는 베짱이의 행동을 '무임승차(Free riding)'했다고 말해. 말 그대로 요금을 내지 않고 차를 탔다는 뜻이지. 그럼 베짱이는 개미의 무엇에 무임승차한 걸까? 바로 개미의 노동 소득을 공짜로 얻어 간 거야.

이런 무임승차 문제는 우리가 일상에서 혜택을 받는 공공재*의 경우 더욱 두드러지게 나타나는 경향이 있어. 예를 들어 우리가 자전거를 타고 도로를 달릴 수 있는 이유는 누군가 도로를 관리하기 때문이지. 그런데 모든 사람들이 도로의 관리 비용을 세금으로 납부하는 것은 아니야. 분명 누군가는 세금을 내지 않고 도로를 이용하곤 하잖아.

불로 소득 문제도 무임승차 문제와 비슷해. 불로 소득을 얻는 사람들 대

* 공공재
사람들이 공동으로 사용하는 물건이나 시설. 도로 등을 말함

무임승차자 문제

무임승차자 문제란 차비를 내지 않고 차를 타는 사람들, 즉 누군가 정당한 비용을 지불하지 않은 채 무엇인가를 이용할 때 발생하는 문제를 말해. 예를 들어 공원을 이용하고 싶은 사람들은 누구나 비용을 지불하지 않고 이용할 수 있지. 그러다 보니 공원을 이용하려는 사람이 너무 많아 공원의 수용 인원을 넘기면, 공원을 이용하지 못하는 사람들이 생기기도 해. 또한 공원의 시설물을 함부로 사용하는 사람들도 있을 수 있지. 이는 결국 공원을 관리하는 비용을 증가시켜서 국가의 관리 비용을 증가시키는 문제를 발생시키는 원인이 된단다.

부분은 누군가의 노동 소득에 무임승차하는 것과 비슷하거든. 물론 그들은 불로 소득을 얻을 수 있는 토지나 주택을 가지고 있기 때문에 정당한 소득이라고 주장하겠지만, 그런 수단이 모두 자신의 정당한 노력을 통해 얻어지는 것은 아니다 보니 그 말에 힘이 실리지 않았지. 대표적으로 〈흥부와 놀부〉를 생각해 보면 이해하기 쉬울 거야. 흥부가 놀부보다 가난한 이유는 딱 하나밖에 없어. 바로 부모님이 돌아가시면서 놀부에게만 재산을 물려주었기 때문이야. 부모가 재산을 큰아들에게만 상속하는 '장자 상속제' 때문에 놀부는 많은 재산을 얻어서 부자가 되었고, 재산을 하나도 받지 못한 흥부는 가난해진 거지. 놀부는 부모에게 받은 불로 소득 덕분에 일할 필요도 없는데 말이야.

 어때, 뭔가 조금 이상하지 않아? 열심히 일하는 사람이 그렇지 않은 사람보다 가난하다는 것은 정의롭지 않지. 그런데 이런 정의롭지 않은 현상은 갈수록 심해지고 있어. 부자들은 물려받은 재산으로 점점 더 부자가 되다 보니 일하지 않아도 부유하게 살 수 있고, 가난한 사람들은 아무리 열심히 일해도 부자와의 소득 격차가 벌어질 수밖에 없는 것이지.

3장 물건값은 누가 정할까?

물건값은 파는 사람 마음대로 정하면 돼.

사는 사람이 물건값도 정하는 거야.

수요와 공급의 법칙

우리가 장난감 가게나 마트에 가서 필요한 물건을 사기 위해 제일 먼저 하는 행동이 무엇일까? 맞아, 가격을 확인하는 일이야. 그런데 혹시 수많은 물건의 가격은 어떻게 결정되는지 궁금해한 적 없니?

우리는 물건을 살 때 가격을 확인하고, 그 가격이 나에게 적절한지 판단한 다음에 물건을 구매하곤 해. 이렇게 어떤 상품이 나에게 필요한지 혹은 적절한지 판단하는 과정을 '합리적 의사 결정'이라고 불러. 경제학에서는 경제에 참여하는 인간을 모두 합리적이라고 보거든. 합리적이란 이치에 합당하다는 뜻인데, 여기서는 자신의 이익을 위해 최선의 판단을 한다는 의미지. 구매 능력이 있는 사람이 합리적 의사 결정 후, 특정 상품을 구입하기로 했다면 이를 '수요'라고 표현해. 한마디로 수요는 '물건을 사고자 하는 욕구'라는 뜻이야. 그리고 상품 구입에 앞서 해당 상품이 나에게 적절한지 판단하는 과정에서 가장 중요한 요소가 물건의 '가격'이 되곤 하지.

혹시 사고 싶은 물건의 가격이 너무 비싸서 그 물건 대신 다른 물건을 사거나, 아예 구매를 포기했던 경험이 있니? 바로 그런 행동이 물건을 사려는 사람들이 내리는 합리적 의사 결정의 예시야. 아주 당연한 행동이지.

그런데 반대로 물건을 사려는 사람들의 행동이 물건의 가격 결정에 큰 영향을 끼치기도 해. 예를 들어 우리가 시장에서 아이스크림을 만들어서 판다고 생각해 봐. 그럼 무엇보다도 아이스크림의 가격을 정해야 할 거야.

수요와 공급의 법칙

날씨가 더워져서 아이스크림을 사 먹으려는 사람(수요)이 많아지자, 준비해 둔 아이스크림(공급)이 부족해진 가게 주인은 아이스크림의 가격을 올렸어. 그런데 가격이 비싸지니 아이스크림을 사 먹으려는 사람들(수요)이 줄어들었고, 가게 주인은 가격을 내리기로 결정했지.

아이스크림의 가격을 정하기 위해서 우선은 주변의 다른 아이스크림 가게의 가격을 조사할 거야. 만약 주변 아이스크림 가게에서 아이스크림을 1,000원에 판다면, 장사를 처음 시작하는 우리 역시 아이스크림의 가격을 1,000원을 기준으로 결정하려고 하겠지. 너무 비싸면 안 팔릴 거고, 너무 싸면 왠지 손해 보는 느낌이니깐. 자 그럼, 아이스크림의 가격을 주변 가게와 비슷하게 결정했다고 해 보자.

그런데 갑자기 날씨가 무척 더워져서 사람들이 너도나도 아이스크림을 사 먹으려 했어. 하루에 100개의 아이스크림을 준비하면 충분했는데, 날씨가 더워지면서 100개의 아이스크림을 가지고는 오전도 못 버티고 장사를 끝마쳐야 했지. 이 상황을 어떻게 해야 해결할 수 있을까?

정답은 간단해. 아이스크림의 가격을 올리면 해결되지. 우리가 하루에 팔 수 있는 아이스크림의 수는 100개였어. 하지만 사람들은 그보다 많은 수의 아이스크림을 원해. 이런 상황을 경제 용어로 '희소성'이라고 불러. 다시 말해 희소성이란 사람의 욕구에 비하여 그것을 충족할 수단이 부족한 상황을 가리켜. 이렇게 아이스크림의 개수는 적은데 아이스크림을 사고자 하는 사람들의 욕구, 즉 수요가 넘쳐나면 자연스럽게 아이스크림의 가격이 오르겠지. 그러면 우리가 물건을 사기 전에 적절한 가치를 판단하려고 했던 것처럼 사람들도 아이스크림의 가격이 비싸지면 사 먹는 것을 주저할 수밖에 없어. 그러면 아이스크림의 가격은 다시 내려갈 확률이 높아져. 이렇게 물건을 사려는 사람들, 즉 수요자에 의하여 가격이 영향을 받아 변화하는 것이지.

물론 물건의 가격이 수요에만 영향을 받지는 않아. 수요의 반대에 있는 물건을 파는 사람, 즉 시장에 물건을 '공급'하는 공급자에게도 영향을 받

아. 만약 아이스크림 장수가 여름철에 하루 동안 판매할 아이스크림 개수를 100개에서 200개로 늘렸다고 해 보자. 그러면 굳이 가격을 올리려고 하지 않을 거야. 그 정도면 하루 동안 장사하기에 충분할 테니까 말이야.

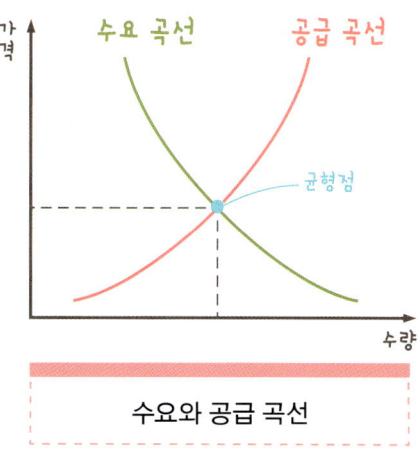

수요와 공급 곡선

어때, 이해가 되니? 이렇게 시장에서 물건의 가격이 결정되는 과정을 어려운 말로 '수요와 공급의 법칙'이라고 불러. 아이스크림을 사려는 수요자가 생각하는 가격과 아이스크림을 판매하는 공급자가 생각하는 가격이 만나는 지점인 균형점에서 가격이 결정된다는 뜻이지.

가격의 결정 요소

가격을 결정하는 가장 중요한 요소는 '수요와 공급의 법칙'이야. 그런데 정확히 말하면, 수요와 공급의 법칙은 가격을 '변동'시키는 요소로 중요한 의미를 가져. 어떤 물건이 시장에 처음 등장했을 때 가격을 결정하는 요소로는 완벽하지 않지. 시장에 상품이 처음 등장했을 때에는 가격을 결정하기 위해서 상품을 생산하기 위해 투자된 원재료의 가격, 노동자의 임금, 그 상품의 개발 비용 등을 모두 포함해서 결정하게 된단다.

도시와 시골

〈시골 쥐와 도시 쥐〉란 우화가 있어. 어느 날 도시 쥐는 시골 쥐의 초대로 시골에 가게 되는데, 도시 쥐는 시골 쥐의 생활이 마음에 들지 않았어. 도시 쥐에게 시골은 지루하기만 했거든. 그래서 도시 쥐는 시골 쥐에게 도시에는 맛있는 것도 많고 신기한 것도 많다고 자랑하지. 도시가 궁금해진 시골 쥐는 도시 쥐의 말에 기대를 품고 도시에 가게 돼. 그런데 도시는 시골 쥐에게 너무나도 위험한 곳이었어. 분명 맛있는 것이 눈앞에 있지만, 그것을 먹기 위해서는 많은 위험을 감수해야 했지. 게다가 거리에는 차도 많아서 마음 편히 돌아다닐 수도 없었고 말이야. 시골 쥐에게 도시는 위험하기만 한 곳이었지. 차라리 자신의 고향인 시골이 시골 쥐에게는 훨씬 행복한 곳이었던 거야.

왜 도시 쥐가 사는 도시는 복잡하고 시골 쥐가 사는 시골은 복잡하지 않았을까? 지금은 대부분의 국가에서 도시가 커지다 보니 시골과 도시의 풍경이 비슷해지고 있지만, 몇십 년 전만 해도 시골과 도시는 아주 다른 곳이었어. 시골은 기본적으로 농업을 중심으로 생활하는 곳이야. 즉, 먹을거리를 직접 생산하는 장소이지. 그래서 시골 사람들은 자신이 농사진 것 중에서 자신들에게 필요한 것들을 거둔 다음, 남는 것을 시장에 내다 팔아. 이는 아주 오래전부터 사람들이 살아왔던 자연스러운 모습이지.

하지만 도시는 시골과는 완전히 달라. 대부분 도시 사람들은 농사지을 만한 공간을 갖고 있지 않아. 그래서 시골에서 올라온 농산물을 구입할 수 있는 '시장'을 이용하지. 그러다 보니 도시 사람들은 시장이나 마트 가까이에 살고자 해. 편리하게 먹을거리를 구하기 위해서 말이야.

시간이 지나고 경제가 발전하면서 도시는 점점 커지기 시작했어. 이렇게 도시가 커지면서 자연스레 대다수의 사람들이 도시에 살게 되었지. 다시 말해, 사람들 대부분이 시장에 의존하며 살게 되었다는 뜻이야.

시장의 역할

도시의 규모가 커지면서 시장은 정말 중요해졌어. 그럼 시장은 어떤 역할을 하는 곳일까? 사람들은 시장에서 자신에게 필요한 물건을 구입하기도 하고, 필요 없는 물건을 팔기도 하지. 그런데 필요한 물건과 필요 없는 물건을 교환하기 위해서는 그 물건의 가치를 평가하는 도구가 필요해. 그 도구가 바로 숫자로 된 '가격'이지.

만약 우리가 어떤 사람에게 바나나를 사려고 한다면 아마 가격을 물어보는 게 가장 빠를 거야. 가격이 없다면 구매 과정도 복잡해지거든. 예를 들어 바나나의 가격이 없다면 바나나를 갖고 있는 사람에게 그 바나나를 나에게 넘겨줄 수 있냐고 물어본 다음에, 그 대가로 무엇을 원하는지를 알아봐야겠지. 그리고 그것들이 서로 적절하게 교환될 수 있는지 한참을 이야기해야 할 거야. 그래서 앞에서 배운 '수요와 공급의 법칙'이 중요한 거야. 수요와 공급의 법칙은 굳이 상품에 대해서 일일이 가격을 흥정하지 않아도 되거든. 자연스럽게 수요자의 욕망과 공급자의 욕망이 만나는 지점에서 가격이 결정되잖아.

이렇게 시장에서 가격이 결정되고, 거래가 이루어지면 어떤 일이 벌어지는지 알아? 바로 '분배'가 일어나. 무슨 말이냐고? 이 세상에는 분명 많은 사람들이 공평하게 나누어서 사용할 자원이 존재해. 지구는 인간에게 많은 선물을 안겨 주고 있지. 자원도 그중 하나야. 하지만 그 자원을 인간에게 필요한 물건으로 만들기 위해서는 누군가 일을 해야 해. 일을 많이 한 사람과 일을 적게 한 사람이 똑같은 물건을 사용할 수 있다면, 오히려 그것이 불공평하잖아. 그래서 시장은 가격의 조절을 통해서 일을 많이 해서 돈을 많이 번 사람에게 더 많은 자원을 이용할 수 있게 해 주는 거야. 아이스크림 가격이 1,000원에서 2,000원으로 오르면 일을 열심히 하지 않은 사람들은 그 가격이 부담이 되어서 아이스크림을 사 먹을 수 없을 테니깐 말이야.

앞에서 말했다시피 시장은 더 열심히 일한 사람들이 더 많은 돈을 벌었을 테니 그들에게 더 좋은 상품을 사용할 수 있는 혜택을 부여하도록 작동하곤 해. 그래서 영국의 경제학자 애덤 스미스는 시장에는 '보이지 않는 손'이 존재한다고 했어. 만약 어떤 상품이 인기가 높으면 시장의 보이지 않는 손이 그 상품의 가격을 올리게 되고, 그 결과 열심히 일해서 많은 돈을

시장의 종류

전통 시장

시장이라는 단어를 들었을 때, 가장 먼저 떠올리는 모습은 아마 전통 시장의 모습일 거야. 좁은 골목마다 물건을 파는 사람들이 빼곡히 있는 모습 말이야. 우리가 이런 시장을 전통 시장이라고 부르는 이유는 가장 오래된 시장의 모습이기 때문이지. 처음에 시장은 도시와 더불어 존재했거든. 도시에서는 농사를 짓지 않았기 때문에 필요한 물건을 얻기 위해선 시장에서 다른 사람의 물건과 교환해야 했어. 그래서 도시와 시장은 언제나 같이 존재했지. 그러다가 도시가 발달하면서 시장은 점점 커지게 되었고, 언제부터인가 전통 시장처럼 '물건만을 파는 곳'이라는 의미에서 '인간에게 필요한 모든 것을 파는 장소'라는 의미로 바뀌게 돼. 시간의 흐름에 따라 단어의 의미도 달라진 것이지.

현재의 시장에는 전통 시장처럼 물건을 파는 상품 시장도 있고, 학원이나 미용실처럼 누군가의 능력으로 필요한 혜택을 받는 서비스 시장도 있어. 도시가 커지면서, 상품 시장보다는 누군가의 능력을 통해 혜택을 받는 서비스 시장이 더 커지게 되었지.

서비스 시장

경제학의 아버지 애덤 스미스

번 사람만 그 상품을 소비할 수 있도록 만드는 것이지. 그래서 애덤 스미스는 보이지 않는 손이 세상을 자연스럽게 돌아가게 만드는 중요한 원리라고 본 거야. 어때, 우리가 사는 세상을 이해할 수 있겠어?

시장을 파괴하는 독점

자연의 생태계는 누군가 개입하지 않아도 자연스럽게 돌아가. 해는 동쪽에 떠서 서쪽으로 지고, 겨울이 가면 봄이 오기 마련이지. 과학이 발전하면서 사람들은 인간 사회에도 일정한 법칙이 있을 것이라 생각했어. 그 대표적인 인물이 애덤 스미스야. 애덤 스미스는 시장 역시 알아서 잘 돌아간다고 생각했지. 그의 생각은 많은 사람들의 관심을 끌 수 있었어.

그런데 미국에서 애덤 스미스의 생각이 틀렸다는 걸 증명하는 사건이 발생하게 돼. 바로 '대공황'이 일어난 것이지. 1929년 미국에서 일어난 경제 위기 때문에 말이야. 이 사건으로 인해 사람들이 해고되거나 일자리를 구하지 못하여서 실업률이 올라가고 거리는 노숙자로 뒤덮이게 돼. 많은 사람들이 충격을 받았어. 왜냐하면 애덤 스미스가 말한 보이지 않는 손에 의하여 경제가 저절로 회복되어야 하는데, 그렇지 않았거든.

애덤 스미스는 인간 사회와 동물 사회의 차이 하나를 간과한 거야. 사자는 배가 부르면 사냥을 멈추는데, 인간은 돈이 아무리 많아도 돈 버는 것을 멈추지 않거든. 오히려 더 많은 돈을 벌기 위해 끊임없이 노력하지. 이 때문에 시장에는 '독점 기업'이 탄생하곤 해. 어떤 시장에서 처음에는 10개의 아이스크림 가게가 있었는데, 시간이 지나다 보면 경쟁을 통해 거대한 아이스크림 가게 하나만 남는 경우가 있어. 바로 이 거대한 아이스크림 가게가 독점 기업이야.

독점 기업이 시장에 나타나면 어떤 일이 벌어지는지 알아? 앞에서 본 수요 공급 법칙이 작동하지 않게 돼. 무슨 말이냐고? 원래 가격은 소비자의 수요와 공급자의 공급이 만나는 곳에서 결정되기 마련인데, 독점 기업이 출현하면 의도적으로 공급을 줄이고 가격을 이전보다 올릴 수 있어. 그럼

뉴딜 정책

1929년 미국에서는 대공황이라는 경제 위기가 일어났어. 대공황 이전까지 미국은 지속적인 경제 성장을 이룩하고 있었어. 사람들은 애덤 스미스의 말처럼 열심히 일하면, 보이지 않는 손에 의하여 경제가 잘 돌아갈 거라고 믿었지. 그런데 한순간에 경제가 위기에 빠지면서 그 믿음이 무너지기 시작했어. 일자리가 사라지고 시장이 마비되는 것을 보면서 다들 우왕좌왕했지. 그때 등장한 인물이 바로 32대 대통령인 프랭클린 루스벨트였어.

루스벨트 대통령은 미국의 경제 위기를 보이지 않는 손에만 맡겨 놓아서는 안 된다고 생각했어. 정부가 적극적으로 시장에 개입해서 잘못된 것을 고쳐야 된다고 생각했지. 그래서 도입된 정책이 바로 '뉴딜 정책'이야. 정부가 직접 나서서 일자리도 만들고, 상품의 가격도 조정하려고 시도했어. 이런 뉴딜 정책으로 사람들은 시장의 보이지 않는 손이 완벽하지 않을 수 있다고 생각하게 되었단다.

사람들은 물건값이 비싸도 울며 겨자 먹기로 그 독점 기업의 물건을 구매할 수밖에 없게 되지. 독점 기업이 출현했다는 것은 시장에 다른 기업이 존재하지 않는다는 의미이니깐 말이야. 이렇게 경쟁자가 점점 없어지면 독점 기업은 점점 더 가격을 올릴 수 있게 되고, 자신의 덩치를 더욱 크게 키울 수 있지.

이를 경제학에서는 '시장 실패'라고 불러. 시장이 자원을 효율적으로 배분하지 못하는 상태를 이르는 말이야. 그래서 많은 나라에서는 독점 기업을 규제하거나 가격을 담합하는 행위를 법으로 금지하고 있어. 우리나라에서는 공정거래위원회라는 곳에서 담합 행위를 감시하고, 적발 시 제재를 가하고 있지.

치킨 게임

　1950년대 미국의 젊은이들은 '치킨 게임'을 많이 했어. 미국에서는 겁쟁이를 '닭(치킨)'으로 비유해. 그래서 치킨 게임의 다른 말은 '겁쟁이 게임'이라고 할 수 있지. 이 게임은 서로의 자동차가 마주 본 상태에서 충돌할 것처럼 질주하다 먼저 충돌을 피하는 사람이 지는 거였어. 어느 한쪽이 양보하지 않을 경우 양쪽 모두 다칠 수밖에 없는 극단적인 게임이었지. 그래서 더 많은 두려움을 느낀 사람이 먼저 핸들을 꺾어 충돌을 피하니까 치킨 게임이라고 불렀대.

　치킨 게임은 기업들 사이에서의 일에도 많이 사용하는 말이 되었어. 2011년 시작된 삼성전자와 애플의 반도체 소송이 대표적인 치킨 게임으로 유명해. 두 기업은 자신이 만든 스마트폰에 서로의 특허 기술이 들어갔다고 주장하면서, 이곳저곳에서 소송을 걸었어. 두 기업 모두 손해가 막대했지만, 물러서지 않고 죽기 살기식 경쟁을 벌인 거지.

4장 물건은 누가 만들까?

기업은 돈을 벌기 위해 존재해.

기업은 사람들의 행복한 삶에 기여하는 곳이야.

기업을 만든 이유

기업을 다른 말로 회사라고 부르는 것을 알고 있지? 사람들은 성인이 되어서 사회에 나가면 대부분 직업을 갖고 기업이란 곳에서 일하게 돼. 그래서 그런지 기업은 우리가 사는 세상에서 당연한 존재로 받아들여지고 있지. 기업이란 단어가 익숙하게 느껴지는 걸 보면 말이야.

그런데 기업은 왜 만들게 된 걸까? 유럽의 도시에 살던 상인들은 대부분 무역을 통해서 장사를 시작했어. 다른 나라의 물건을 가져와 파는 방식이었지. 그런데 이런 해외 무역은 무척 위험천만한 일이었어. 바다를 건넌다는 것은 언제나 위험이 따르거든. 게다가 배로 다른 나라를 가기 위해서는 많은 시간이 필요하기도 했고. 한 번에 많은 물품을 실어 오기 위해서는 당연히 큰 배도 필요했어. 하지만 상인 혼자 힘으로는 큰 배를 구하기 힘들었어. 바다의 위험을 감내하기도 두려웠고, 한 번의 사고로 자신의 전 재산을 모두 잃어버릴 확률도 높았으니깐 말이야. 그래서 상인들은 이런 어려움을 극복하고자 서로 힘을 모으기 시작했어. 뭉치면 살고 흩어지면 죽는다는 말도 있잖아.

각자의 상인이 갖고 있는 돈은 볼품없었지만, 여러 상인들이 서로 힘을 합치니 꽤 큰돈을 모을 수 있었어. 그 돈으로 상인 개인이 구할 수 있는 배보다 훨씬 큰 배를 구할 수 있었지. 하지만 큰 배를 구할 수 있다고 해도 바다의 위험이 쉽게 줄지는 않았어. 그러다 보니 상인들의 고민은 자연스럽게 '어떻게 하면 바다의 위험을 줄일 수 있을까?'로 이어지게 되었어.

하지만 그때나 지금이나 인간이 자연의 재난을 막지 못하는 건 변함없는 사실이지. 상인들도 그 사실을 정확히 알고 있었고 말이야. 그래서 그들은 자신들의 손해를 최대한 막을 방법을 고안해 냈어. 재난을 피할 수 없으니 차선책으로 피해를 줄이고자 한 거지. 이 과정에서 상인들은 '기업'을 생각해 내게 돼. 만약 상인 혼자 무역을 하다가 배가 침몰할 경우, 그 피해 책임도 혼자서 져야 해. 하지만 기업을 만들면, 사고가 나도 자신이 투자한 돈만 잃을 뿐, 기업의 이름으로 빌린 돈은 기업을 만든 개인이 책임을 질 필요가 없어져. 그래서 상인은 다른 사람들에게 돈을 빌릴 때 기업을 만들어서 빌리곤 했어. 위험 부담을 줄이는 거지.

이런 현상이 벌어지는 것은 '기업'과 '기업을 만든 개인'이 엄연히 다른 존재이기 때문이야. 그렇기 때문에 기업의 구성원들은 기업을 위해 일하지만, 기업에 생긴 손해를 자신이 직접 책임질 필요는 없는 거고. 기업은 '기업'이고, 기업을 만든 사람은 '사람'인 거지. 이렇게 최초의 기업은 두 가지 목적을 위해서 탄생했어. 더 많은 이득을 얻기 위해, 그리고 그 이득을 얻는 과정에서 발생하는 책임을 분산시키기 위해서 말이야.

현재의 주식회사는 바로 이러한 목적의 결정판이야. 주식회사는 주식이라고 불리는 문서를 사람들에게 발행하면서 만들어져. 기업이 주식을 발행하면, 사람들은 기업에 돈을 지급한 다음에 주식을 갖게 되는 형태지. 이렇게 취득한 주식은 사람들에게 기업의 주인으로서의 권리를 발생시켜. 한마디로 기업의 주인이 되는 거지. 그리고 기업은 이렇게 주식을 발행하면서 얻게 된 돈을 모아서 사업을 할 수 있어. 그리고 기업이 사업을 해서 이익이 생기면, 그 이익을 주식을 소유한 주주들에게 나눠 주는 것이지.

만약 기업이 사업을 하다가 실패해서 손해가 발생하면, 주주들은 자신이 갖고 있는 주식만큼만 손해를 볼 뿐이야. 기업이 다른 사람에게 빌린 돈을 주주들이 전부 갚을 필요는 없는 거지. 이는 기업의 책임을 줄여서 활발하게 사업을 할 수 있도록 돕고자 하는 의도가 있어.

기업의 목적과 역할

기업의 궁극적인 목적은 이윤 추구야. 과거 상인들은 미지의 세계에서 새로운 물건을 가져와서 자신이 사는 곳에 팔고 싶어 했어. 지금이야 전 세계가 연결되어 있지만, 과거에는 그렇지 않았거든. 그리고 사람들은 언제나 새로운 물건에 더 높은 가치를 부여하는 경향을 보이곤 했지.

이렇게 새로운 물건이 인기를 끌게 되면, 그 상품을 실어 나른 상인들도

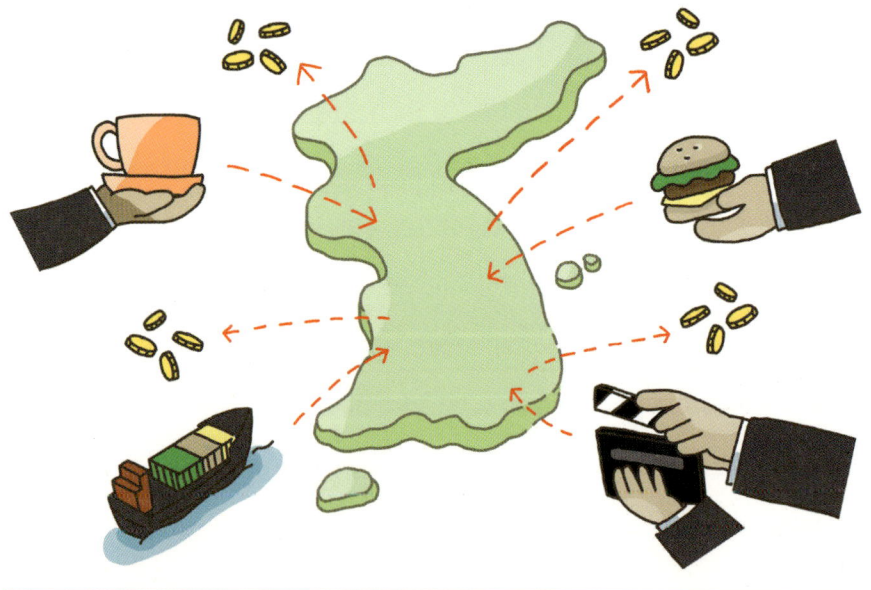

기업은 외국 문화를 국내에 소개하는 역할을 하기도 해.

주식회사의 기원, 네덜란드 동인도 회사

'동인도 회사'는 17세기 유럽의 상인들이 인도, 중국, 동남아시아 등과 무역을 하기 위해 설립한 무역 독점 회사를 이르는 말이야. 당시 유럽의 상인들은 해외 무역을 통해 많은 이윤을 얻고 있었는데, 동인도 회사가 설립되기 이전에는 수많은 작은 회사들이 서로 경쟁하다 보니 수입하는 상품의 가격이 점점 떨어졌어. 그래서 무리한 경쟁을 억제하고 안정적인 이윤을 얻기 위해 작은 회사들을 하나의 큰 회사로 통합한 동인도 회사를 세웠지. 최초의 동인도 회사는 1602년 네덜란드에서 세워졌어. 그 뒤 영국과 프랑스도 자신들의 동인도 회사를 세우게 되었단다.

당시 네덜란드 동인도 회사의 조선소 모습이야. 네덜란드 동인도 회사는 세계 최초의 다국적 기업이자, 처음으로 주식을 발행한 최초의 주식회사이기도 해.

많은 돈을 벌 수 있었어. 외국에서 싸게 구입한 물건을 비싼 가격에 판매했기 때문이지. 사람들은 새로운 상품의 가치를 정확히 몰랐기 때문에 그 물건을 팔려는 사람이 말하는 가격을 신뢰할 수밖에 없었거든. 후추는 기업의 등장으로 이익을 본 대표적인 상품이야. 후추는 인도에서 재배되었는데, 유럽에서 인기를 끌면서 매우 비싸게 거래되었지.

상인이 장사를 하며 얻은 이익을 '이윤'이라 불러. 상인들은 더 많은 이윤을 얻기 위해 위험을 무릅쓰고 거친 바다로 나아간 거지. 기업은 이윤을 얻기 위해 존재해. 다만 현재의 이윤 추구 방식은 과거와는 조금 달라졌어. 과거의 기업은 상인처럼 항해를 통해 상품을 이동시키면서 이윤을 얻었다면, 현재의 기업은 스스로 물건을 만들고 판매함으로써 이윤을 얻으려고 하지. 이러한 방식의 차이로 인하여 현재의 기업은 과거의 기업과는 또 다른 문제가 발생했어.

과거 상인들은 물건의 이동을 통해 이윤을 남길 때, 모험적이고 위험한 일도 사명을 갖고 하는 편이었어. 새로운 물건을 자신들이 살고 있는 국가에 소개하는 것은 사람들에게 더 좋은 생활을 누리게 하는 의미도 있었고, 국가 전체를 풍요롭게 만들기도 했기 때문이지.

그런데 기업이 물건을 직접 만들어서 이윤을 남기면서부터는 더 많은 이윤을 위해 물건 만드는 비용을 최대한 아끼기 시작했어. 그 결과 물건을 만드는 사람에게 일은 더 많이 시키고, 그에 대한 노동의 대가는 적게 주려는 경향이 나타났지. 심지어 물건을 만들다 다친 사람들을 외면하는 경향까지 보였어. 다친 사람을 치료하는 비용도 물건을 생산하는 데에 드는 비용에 포함되니까 말이야.

산업 재해

산업 재해는 사람들이 기업에서 일하는 과정에서 얻게 되는 정신적 피해나 신체적 피해를 의미해. 과거에는 광산에서 일하던 광부들이 폐암 같은 병을 얻는 경우가 많았어. 요즘은 이런 산업 재해는 줄어들었지만, 여전히 새로운 분야에서 산업 재해가 일어나고 있지. 반도체 공장에서 일하던 노동자들이 백혈병을 얻게 된 것이 대표적 사건이지. 국가와 기업은 산업 재해를 예방하려고 노력하지만, 산업의 발전 속도가 너무 빨라서 예측하지 못하는 경우가 많단다.

기업의 사회적 역할

현대 사회에서 기업은 아주 중요한 사회적 역할을 담당하고 있어. 바로 사람들이 일할 수 있는 일자리를 제공하는 거야. 과거와 달리 현대 사회의 대부분의 사람들은 도시에 모여 살아. 도시에 사는 사람들이 의식주를 해결하는 유일한 방법은 돈을 버는 것뿐이지. 도시는 돈이 없는 사람에게 그 어떤 먹을거리나 의식주를 무료로 제공하지 않거든. 그렇다 보니 도시에 사는 사람들은 반드시 일을 해야 해. 그래야 돈을 벌어서 필요한 것을 살 수 있지.

만약 어떤 도시에 있던 큰 기업이 망해서 사라지면 해당 도시 자체가 위기에 처하곤 해. 왜냐하면 기업이 도시 경제의 심장 역할을 하는 경우가 많거든. 특정 도시의 기업이 노동자에게 월급을 주면, 사람들은 그 월급을 이용해서 외식도 하고 생필품도 사잖아. 그러면 식당 주인도 돈을 벌고, 마트 주인도 돈을 벌 수 있어. 그런데 만약 기업이 망하면, 월급을 받는 사람이 줄어든 만큼 돈을 쓰는 사람의 숫자도 확 줄어들게 되지. 당연히 식당이나 마트에도 손님이 없어지겠지. 결국, 도시에 돈이 돌지 않아 사람들은 도시를 떠날 수밖에 없는 처지가 되는 거야.

기업의 목적은 이윤을 추구하는 것이지만 그 과정에서 다른 사람들에게 필요한 물건과 서비스를 제공하고, 일자리를 만들어 주기도 해. 우리가 일상적으로 사용하는 스마트폰이나 각종 전자 제품도 기업이 만들고, 영화나 콘

기업의 사회적 역할
기업은 사람들에게 일자리를 제공할 뿐만 아니라 우리에게 필요한 물건과 서비스를 제공해. 그리고 우리가 노동의 대가로 얻은 월급을 소비하게 함으로써 도시에 돈이 돌게 만들지.

서트 같은 공연도 기업이 제작하잖아. 그 과정에서 많은 일자리가 탄생하는 것이지.

블루오션과 레드오션

그러나 기업이 이윤을 추구하는 과정에서 여러 문제가 발생하는 것도 엄연히 존재하는 사실이야. 이런 문제가 발생하는 이유는 보통 기업 간의 경쟁과 관련이 깊어. 경제 발전은 자연스럽게 기업들 사이의 경쟁을 심하게 만들거든. 보통 경제학에서 경쟁이 심하지 않은 시장을 '블루오션(Blue Ocean)'이라고 표현하는데, 이는 고기가 많은 파란 바다를 의미해. 하지만 이런 블루오션에 사람이 몰리면서 점차 경쟁이 심해지고 고기가 없는 '레드오션(Red Ocean)'으로 바뀌게 돼. 레드오션은 주로 블루오션의 반대 개념으로 사용해. 경쟁이 심해서 붉은 피를 흘릴 수밖에 없는 시장이라고 생각하면 이해하기 쉬울 거야.

사회적 기업

사회적 기업은 공공의 이익을 목적으로 하면서 이윤을 추구하는 기업을 의미해. 저소득층이나 장애인에게 일자리를 제공하면서 이윤을 추구하거나, 지역 경제를 살리려는 목적으로 만들어진 기업이 대표적이지. 유럽이나 미국에서는 1970년대에 이미 사회적 기업이 등장했어. 우리나라에서는 2007년부터 사회적 기업이 육성되고 있는데, 대표적으로 재활용품을 수거·판매하는 '아름다운가게'와 지적 장애인이 우리나라 밀 과자를 생산하는 '위캔' 등이 있어.

퍼플오션

퍼플(Purple)은 영어로 보라색이라는 뜻이야. 보라색은 파란색(블루)과 빨간색(레드)을 섞으면 나타나는 색이지. 따라서 퍼플오션(Purple Ocean)은 블루오션과 레드오션의 중간 단계를 지칭하는 의미로 사용돼. 경쟁이 심한 레드오션에서 새로운 아이디어나 기획으로 자신만의 새로운 시장, 즉 블루오션을 창출하는 것을 퍼플오션이라고 해. 완벽하게 새로운 블루오션을 찾기 어렵기 때문에 레드오션에서 새로운 가치를 가진 시장을 만들려는 시도로 볼 수 있어. 대표적인 예로 '뽀로로' 캐릭터 상품을 들 수 있어. 애니메이션 시장은 경쟁이 치열한 레드오션인데, 그 레드오션에서 캐릭터 상품을 특화해서 새로운 블루오션을 찾은 거지. 분명 많은 원작 애니메이션이 존재하지만, 그중 몇몇 원작의 주인공만이 캐릭터로 만들어져서 새로운 소비자에게 판매돼. 일종의 레드오션에서 블루오션으로 전환한 퍼플오션의 한 현상이지.

스마트폰을 예를 들어 볼까? 처음에는 아이비엠(IBM), 노키아, 애플 등 소수의 회사가 스마트폰을 만들어서 판매했어. 하지만 어느새 삼성, 화웨이, 샤오미 등 다른 기업들도 좋은 성능의 스마트폰을 만들 수 있게 되었지. 그러면서 자연스레 스마트폰 시장의 경쟁이 심해졌어. 다시 말하면 블루오션이었던 시장이 레드오션으로 바뀐 것이지.

인건비를 줄여 이윤을 얻는 기업

기업은 항상 더 많은 이윤을 얻고 싶어 해. 하지만 고기가 많은 파란 바다, 즉 블루오션은 시간이 지날수록 찾기 힘들어지지. 그렇다 보니 기업들

최저 임금 제도

최저 임금은 기업과 노동자의 합의에 의해 결정되는 임금 제도에 국가가 개입하는 제도야. 노동자들이 기업보다 힘이 약하다 보니, 기업이 원하는 임금 조건을 일방적으로 수용하게 되는 경우가 많아. 최저 임금 제도는 이런 문제점을 해결하기 위해 국가가 직접 나서서 노동자를 보호하는 제도야. 노동자의 정당한 임금을 보장하면서, 나아가 국민 경제 전체의 소비를 진작시키는 효과를 노리는 거지. 더불어 노동자의 인간다운 생활을 장려하는 측면도 있고 말이야.

최저 임금 제도는 1894년 뉴질랜드에서 최초로 시작되었어. 당시 뉴질랜드는 영국의 식민지였어. 그래서 뉴질랜드 노동자들의 삶은 이루 말할 수 없을 정도로 형편없었지. 뉴질랜드 노동자들은 파업을 했고, 결국 정부가 나서서 중재하는 과정에서 최저 임금 제도가 도입되었단다. 우리나라는 1980년대에 들어와 처음 실시되었지. 우리나라의 경우 매년 기업 측, 노동자 측, 정부 측 관계자들이 모인 최저임금위원회에서 최저 임금을 결정해. 참고로 2023년 기준 최저 임금은 시간당 9,620원이란다.

은 어쩔 수 없이 레드오션에서 경쟁할 수밖에 없게 돼. 이렇게 기업 사이에 경쟁이 심해지면 이윤 추구에 문제가 생길 수밖에 없어. 경쟁 과정에서 기업이 얻는 이윤이 하락하게 되니까 말이야.

기업이 얻는 이윤이 하락하면 기업은 하락한 이윤만큼 다른 곳에서 이윤을 얻기 위해 노력할 거야. 만약 과거의 기업이라면 새로운 시장을 찾거나 새로운 상품을 발명하기 위해 노력했겠지. 하지만 현재는 거의 모든 시장이 개발된 데다가 경쟁 또한 심한 상태야. 게다가 새로운 상품을 발명하는 것도 쉽지 않지. 결국 기업은 가장 손쉬운 방법으로 노동자들의 임금을 줄여서 이윤이 줄어드는 것을 막으려고 해. 하지만 이런 방식은 앞에서 이야기한 것처럼 한 치 앞만 보는 미봉책에 불과해.

그래서 많은 나라에서는 노동자가 받아야 할 최소한의 임금을 법으로 정해 놓은 '최저 임금 제도'를 시행하고 있어. 하지만 최저 임금 제도가 완벽한 해결책은 아니야. 왜냐하면, 작은 식당 같은 곳에서는 최저 임금이 너무 높으면 인건비를 감당할 수가 없기도 하거든. 큰 기업을 규제하는 제도가 작은 기업에는 너무 큰 부담을 줄 수도 있지.

노동 3권

기업이 임금을 결정하는 요소에는 자신들이 얻는 이윤이 결정적이지만, 노동자들이 자신들의 임금을 얼마만큼 요구하는지도 중요해. 그래서 우리나라 헌법에서는 노동자들의 권리인 '노동 3권'을 규정하고 있지. 노동 3권은 노동자들이 단결할 수 있는 '단결권', 노동조합이 회사와 협상을 할 수 있는 '단체 교섭권', 그리고 협상이 되지 않으면 노동을 거부할 권리인 '단체 행동권'이 있어.

경제가 발전하면서 기업의 역할이 중요해지는 것은 사실이야. 하지만 기업이 이윤을 추구할 수 있는 이유는 다수의 소비자들이 기업의 상품을 구입해 주기 때문이지. 그리고 소비자들이 기업의 상품을 구입할 수 있는 이유는 기업이 제공하는 일자리에서 노동자로 일하기 때문이고 말이야. 다시 말해 기업과 노동자는 때론 고용자와 고용인으로, 때론 생산자와 소비자로 모두 연결되어 있단다.

노동 3권에는 단결권, 단체 교섭권, 단체 행동권이 있어.

5장 은행은 왜 돈을 빌려줄까?

은행 대출을 잘 이용하면 도움이 돼.

은행 빚은 애초에 안 만드는 게 최고야.

은행의 역할

어릴 적 장난감 가게에 가면 항상 갖고 싶은 물건이 많았어. 변신 로봇이나 무선 자동차는 정말 보기만 해도 내 마음을 쏙 빼앗아 가곤 했지. 그래서 어른이 되면 내가 좋아하는 장난감을 마음대로 사겠다고 다짐했지. 시간이 흘러 어른이 되었지만 지금도 물건의 가격이 비싸면 여전히 망설여져. 하지만 당장 돈이 없어도 물건을 살 수 있는 방법을 찾았어. 그 방법이 뭐냐고? 바로 은행을 이용하는 거야.

은행은 우리가 저축한 돈을 안전하게 보관해 주는 일을 해. 그런데 그에

어른이라고 해서 사고 싶은 물건을 다 살 수 있는 것은 아니야. 물론 은행에서 돈을 빌릴 수는 있지만 여기에도 장단점이 존재하지.

못지않게 중요한 기능이 있어. 바로 사람들에게 돈을 빌려주는 역할이지. 은행이 사람들에게 돈을 빌려주는 것을 '대출'이라고 불러. 저축과 반대되는 개념이야. 대부분의 사람들은 돈을 차곡차곡 모아야지만 부자가 된다고 생각해. 그래서 돈을 빌리는 대출에 대해서는 보통 부정적으로 생각하는 경우가 많아. 하지만 이 세상에 꼭 나쁜 역할을 위해서만 존재하는 것은 없어. 분명 장점을 갖고 있기 마련이지. 대출도 마찬가지야. 어떻게 사용하느냐에 따라 굉장히 훌륭한 역할을 하기도 하거든.

경제가 발전하면서 개인이나 기업이 무언가를 새롭게 시작하기 위해서는 언제나 돈이 필요하기 시작했어. 기업가는 아무리 좋은 아이디어가 있어도 돈이 없으면 그 아이디어를 현실화시키기 어렵고, 학생은 대학에 진학하고 싶어도 등록금을 내지 않으면 수업을 받을 수 없는 것처럼 말이야. 요즘은 돈이 없으면 기회조차 못 갖는 경우가 많아.

은행의 대출은 이렇게 기회를 갖지 못하는 사람들에게 새로운 기회를 만들어 주는 역할을 해. 좋은 아이디어를 가진 사람들은 대출을 이용해서 자신의 사업을 시작할 수 있고, 또 공부를 하고 싶은 사람들은 대출을 받아서 학교에 다닐 수도 있지. 우리가 잘 알고 있는 발명왕 에디슨도 은행의 대출을 통해서 자신의 발명품들을 현실에 내놓았거든. 대출은 능력 있는 사람에게 기회를 주는 역할을 하지.

하지만 대출에도 위험은 존재해. 왜냐하면 돈을 빌리면 그에 따른 이자를 내야 하거든. 만약 아무런 계획 없이 대출을 받았다가는 불어나는 이자 때문에 빌린 돈을 다 갚지 못할 수도 있어. 심지어 대출 이자가 자신이 빌린 돈보다 많아지기도 해. 그럴 경우 아주 힘든 상황이 펼쳐지지. 그래서 대출을 받을 때는 계획을 잘 세워야 해.

은행이 하는 일

　은행이 하는 일 중에 가장 대표적인 것은 돈을 보관해 주는 '저축'과 돈을 빌려주는 '대출'이야. 하지만 이외에도 다른 여러 가지 서비스를 우리에게 제공해 줘. 우선 세금을 내고자 할 경우 국세청이나 세무서에 갈 필요 없이 은행에서 납부할 수 있어. 은행이 우리 대신 세금을 납부해 주는 거지. 또한 우리나라 돈을 미국 '달러'나 일본 '엔'과 같은 외국 돈으로, 반대로 외국 돈은 우리나라 돈으로 바꾸어 주는 역할을 해. 이렇게 다른 나라 화폐로 바꾸어 주는 것을 '환전'이라고 불러. 그래서 다른 나라로 여행 가는 사람들은 환전을 위해 은행을 찾아.

최초의 은행

최초의 은행은 사람들의 돈을 보관해 주는 역할에서 시작됐어. 당시의 돈은 지금과 같은 지폐가 아닌 금이나 은으로 만든 주화*였거든. 그래서 보관을 제대로 못 하면 손상되기도 했지. 금으로 만든 주화의 경우 사람들이 자주 만지거나, 가지고 다니면서 마모될 수 있었거든.

* 주화
쇠붙이를 녹여 만든 화폐

은행은 이런 주화의 가치 훼손을 방지할 수 있는 곳이었어. 은행에서는 금화나 은화의 무게를 정확히 측정한 뒤 보관하고 있다가, 처음 측정한 무게에 맞게 돌려주었거든. 그런데 이런 금화나 은화를 보관하다 보니 여러 문제가 생겨났어. 금화나 은화를 한곳에 보관할 장소를 찾기도 힘들었고, 도둑들의 표적이 되기도 쉬웠지.

이런 문제를 해결하기 위해 은행은 한 가지 묘책을 생각해 냈어. 보통 은행에 돈을 맡긴 사람들은 자신의 돈을 오랫동안 찾아가지 않는 습성이 있었어. 하루에 사람들이 찾아가는 돈의 액수는 은행이 전체 보관하고 있는 돈의 10퍼센트 정도였지. 은행은 자신들이 돈을 모두 보관하고 있는 것이 얼마나 바보 같은 일인지 깨달았어. 어차피 당장 찾아가지도 않을 돈을 굳이 모두 보관하는 데에 힘을 들일 필요가 없었지. 그래서 은행은 돈을 필요로 하는 사람들에게 빌려준 거야. 이것이 바로 우리가 앞에서 배운 대출의 시작이지.

대출은 은행에게 큰 이익이 되었어. 은행은 자신이 저축으로 받은 돈의 90퍼센트를 대출해 주고, 그에 대한 이자를 받아서 많은 수익을 올릴 수 있었어. 은행의 입장에서는 정말 돈이 돈을 벌어 주었지.

뱅크런

만약 은행에 돈을 맡긴 사람들이 은행을 믿지 못해 갑자기 한꺼번에 맡긴 돈을 찾으려고 하면 어떻게 될까? 그러면 이미 많은 사람들에게 돈을 빌려주고 맡긴 돈의 10퍼센트만 보유하고 있던 은행은 돌려줄 돈이 없으니 파산할 수밖에 없어. 이처럼 사람들이 은행에 맡긴 돈을 찾으려고 한꺼번에 몰리는 은행의 대규모 인출 사태를 뱅크런(Bank Run)이라고 해.

경제가 위기에 빠지면, 직장에서 해고되는 사람들이 많아지고, 그러면 사람들은 은행에서 빌린 돈을 갚지 못하는 경우가 발생해. 은행은 대출해 준 돈을 받아야지만 저축한 돈을 돌려줄 수 있는 구조인데, 사람들이 은행에서 빌린 돈을 갚지 못하니 은행 역시 저축한 사람들에게 돈을 돌려주지 못하게 되겠지. 그렇게 은행이 돈을 돌려주지 못하는 일이 발생하면, 은행에 저축한 사람들의 마음은 더욱 불안해지고, 급한 마음에 너도나도 저축한 돈을 찾으려고 은행에 뛰어가는 뱅크런이 일어나.

뱅크런이 나타나면 은행뿐만 아니라 국가도 경제 위기에 빠지게 돼. 왜냐하면 은행의 역할은 사람의 심장과도 비슷한데, 뱅크런이 발생한다는 건 심장의 기능이 멈추는 것과 같거든. 심장에서 혈액의 공급이 안 되면 사람의 생명이 정지되듯이 은행이 돈을 시장에 공급시켜 주지 못하면 경제 전체가 마비되는 거야.

경제는 은행을 통해 돈을 이곳저곳으로 이동해야 제대로 작동하는데, 은행이 멈추게 되면 돈이 움직이지 않게 되는 사태가 벌어져. 사람들이 새로운 물건을 사기 위해 혹은 사업을 시작하기 위해 돈을 빌리고 싶어도 더 이상 빌릴 곳이 없는 거야. 결국, 사람들은 은행이 파산하면서부터 새로운 기회를 얻지 못하게 되고, 그러다 보니 경제는 점점 더 힘들어지지.

이 그림은 미국의 경제 위기 때 있었던 뱅크런 사태를 그린 그림이야.

그리스의 경제 위기

2017년 그리스에서도 뱅크런 사태가 일어났어. 사람들이 한꺼번에 은행에 맡긴 돈을 찾으러 은행으로 몰려간 거지. 당시 그리스는 국제 통화 기금(IMF, International Monetary Fund)에 구제 요청을 한 상태였어. 국제 통화 기금은 경제가 어려운 나라에 돈을 빌려주어서 경제 회복을 돕는 기구지. 그리스 역시 국제 통화 기금에서 제공하는 구제 금융을 통해 경제 회복을 꿈꾸었어. 그런데 국제 통화 기금에서 그리스의 상황을 검토해 보니, 생각보다 심각해 제공하려고 했던 구제 금융을 보류할 수밖에 없었지. 당연히 그리스 사람들은 그리스가 경제 위기에서 벗어날 기미가 보이지 않는다고 판단할 수밖에 없었고, 자신의 돈을 지키기 위해 은행으로 달려가고 만 거야.

은행을 구하는 중앙은행

은행이 작동을 멈추어서 경제가 한번 위기에 빠지면, 극복하기가 매우 힘들어. 이런 경제 위기를 해결하기 위해서는 새로운 산업에 투자해서 더 많은 이익을 창출할 필요가 있지. 그런데 은행이 파산하면 새로운 산업에 투자할 기회조차 갖지 못할 확률이 높아. 은행에서 대출을 받을 수 없게 되거나 받아도 비싼 이자를 지급해야 되니 사람들이 꺼리거든. 그래서 사람들은 은행만큼은 어떤 일이 있어도 보호해야 한다고 생각했어.

그 생각을 구체화한 것이 바로 '중앙은행'이야. 혹시 한국은행이라고 들어 봤어? 우리가 사용하는 화폐에 표시되어 있는 은행 말이야. 우리나라의 중앙은행이 바로 한국은행이야.

한국은행이란 이름은 알고 있지만, 한국은행에 직접 가 본 사람은 거의 없을 거야. 그 이유는 한국은행 같은 중앙은행은 일반 은행을 보호하는 역할을 할 뿐, 일반 사람들에게 저축을 받거나 돈을 빌려주지는 않기 때문이야. 은행을 위한 은행인 거지. 그래서 한국은행 같은 중앙은행은 일반 은행이 돈이 부족할 경우에 돈을 빌려주는 역할을 해.

혹시 '기준 금리'라고 들어 봤니? 금리는 쉽게 말해 이자를 의미해. 따라서 기준 금리는 이자의 기준이 되는 이자인 거지. 이런 기준 금리를 바로 한국은행 같은 중앙은행이 결정해. 중앙은행이 기준 금리를 결정하면, 그 다음은 일반 은행이 이 금리를 기준으로 삼아서 저축이나 대출의 이자를 결정하는 방식이지.

중앙은행이 하는 일

그런데 왜 중앙은행은 기준 금리를 결정하는 걸까? 중앙은행이 기준 금리를 결정하는 이유는 우선 일반 은행이 위기에 빠지지 않도록 관리하기 위해서야. 금리는 일종의 돈의 가치를 의미하는데, 금리가 높으면 사람들이 대출보다는 저축을 많이 하고, 금리가 낮으면 반대로 저축보다 대출을 많이 하는 경향을 보여. 그런데 만약 돈의 가치가 너무 낮아서 사람들이 대출을 많이 한 상태에서 대출금을 갚지 못하면, 은행은 바로 위기에 빠지게 되지. 그래서 중앙은행은 이런 위험 요소를 제거하기 위해 적정한 금리를 결정하는 역할을 해.

그런데 중앙은행은 돈을 어디서 구해서 일반 은행에 빌려줄까? 지금 우리나라 화폐를 한번 봐 봐. 한국은행이라고 표시되어 있는 걸 볼 수 있을 거야. 바로 한국은행에서 돈을 만들었다는 의미이지. 이렇게 중앙은행은 돈을 만들어 낼 수 있어. 옛날에는 금이나 은으로 돈을 만들었기 때문에

기축 통화와 중앙은행

각 국가마다 화폐의 단위가 다르다 보니, 다른 나라 사람과 거래할 때 어떤 화폐로 지불해야 되는지 곤란할 때가 많아. 그래서 이런 문제를 해결하기 위해 특정 화폐를 기준으로 삼아서 거래를 해. 이렇게 기준이 되는 화폐를 '기축 통화'라고 불러. 과거에는 '금'이 그 역할을 했는데, 현재에는 미국의 '달러'가 기축 통화의 역할을 하지.

그래서 달러의 발행을 책임지는 미국의 중앙은행, 즉 '연방 준비 제도'가 막강한 영향력을 가지게 돼. 연방 준비 제도가 기준 금리를 결정하면, 그 기준 금리가 달러의 가치를 표시하게 되고, 다른 국가들도 그에 따르고 있어.

해당되는 귀금속이 꼭 필요했지만, 지금은 돈을 종이로 만들기 때문에 그런 제약이 사라졌지. 실제로 중앙은행은 마음만 먹으면 언제든지 돈을 만들 수 있어. 그래서 일반 은행이 위기에 빠졌을 경우 은행에게 돈을 빌려줄 수 있는 거지. 또한 사람들이 갑자기 몰려와도 은행은 중앙은행에 도움을 청할 수 있어. 쉽게 이야기해서 중앙은행이 일반 은행의 보호자 같은 역할을 하고 있는 거지.

6장 국가는 어떻게 돈을 벌까?

세금은 많이 걷는 게 중요해.

세금은 공평하게 걷는 게 중요해.

국가의 생활비, 세금

한 가정이 한 달 동안 생활하기 위해서는 일정한 돈이 필요해. 보통은 부모님이 한 달 동안 열심히 일한 대가로 받는 월급이 한 가족의 생활비가 되지. 그런데 국가도 생활비가 필요하다는 사실을 알고 있니? 공무원들의 월급을 주고, 도로를 관리하고, 군대를 유지하는 일에는 반드시 돈이 필요하거든.

국가는 누구에게 생활비를 받는 걸까? 정답은 바로 국민이야. 우리가 내는 세금이 국가의 생활비 역할을 하지. 우리가 낸 세금을 재원*으로 국가는 계획을 세워서 필요한 곳에 사용하거든. 그렇기 때문에 국가의 운영을 위해서는 세금이 반드시 필요하지. 만약 국민이 내는 세금이 부족하면, 국가는 가난해져서 국민의 안전을 지키지 못할 수도 있어. 세금이 어떤 역할을 하는지 슬슬 감이 오지? 그럼 이번에는 세금이 어떻게 이 세상에 태어났는지 알아볼까?

*재원
재화나 자금이 나올 원천

세금의 유래

맨 처음 국가가 세금을 걷기 시작한 것은 전쟁을 치르기 위해서였어. 과거의 국가는 다른 국가와의 전쟁을 통해 영토를 확장하면서 발전했거든. 그러다 보니 국가의 번영과 패망은 전쟁을 통해 결정되곤 했어. 당연히 최고로 중요한 일은 전쟁에서 승리하는 일이었지. 그런데 전쟁을 하려면 많은 비용이 들었어. 특히 병사의 급료가 문제였지. 보통 전쟁을 수행하는 병사는 훈련을 하거나 전쟁에 참전하는 동안에는 어떤 일도 할 수가 없었기 때문에 국가는 병사들을 훈련시켜야 될 뿐만 아니라 직접 먹여 주고 입혀 주고 해야 했거든. 전쟁이 커질수록 병사의 수는 늘어 갔고, 그와 동시에 돈도 엄청나게 많이 필요했지.

물론 처음부터 세금을 걷은 것은 아니야. 처음에는 왕이 가진 재산만으로 전쟁을 수행했어. 하지만 전쟁의 규모가 커지면서 왕이 가진 재산만으로 전쟁을 치르기가 불가능했지. 결국 왕은 고민 끝에 자신의 영토에 살고 있는 모든 국민에게 전쟁 비용을 걷는 방법을 선택했어. 각 지방의 귀족들

국가 예산

국가 예산은 어떻게 정할까? 국가는 1년 단위로 예산을 정해. 기획 재정부, 행정 안전부, 고용 노동부 같은 행정부에서 어디에 예산이 필요하다는 계획을 밝히지. 그럼 국민을 대표하는 '국회'가 그 예산의 사용 계획이 꼭 필요한지 여부를 꼼꼼히 따지고, 만약 계획이 잘못되었거나 과도한 예산을 요구하면 국회가 직접 수정을 해. 이렇게 해서 국가 예산이 확정되면 정부는 계획한 대로 예산을 집행하지.

예산을 집행한 뒤에는 '감사원'에서 예산이 계획대로 정확히 사용되었는지 검토 작업을 해. 이렇게 검토 작업까지 끝나야 1년간의 국가 예산의 확정과 집행이 마무리된단다.

에게는 해당 지역 국민들의 세금을 대신 받아 오게 했고 말이야.

시간이 지나 왕이 걷던 전쟁 비용은 '세금'이 되었고, 세금을 직접 걷던 귀족 집단은 '국회'가 돼. 보통 영국이나 미국은 국회가 상원과 하원으로 분리되어 있는데, 상원은 각 지방의 귀족 대표의 모임이었고, 하원은 민주주의가 도입된 이후 일반 국민의 대표를 뽑아서 생긴 거지.

국가의 역할은 과거보다 커졌어. 당연히 세금의 사용처 역시 다양해졌지. 언제부터인가 국가는 청년들을 위해 일자리를 만들기도 하고, 노인들의 노후를 보조하기 위해 연금을 주기도 해. 어때, 세금이 생각보다 정말 다양한 일에 사용되지?

직접세와 간접세

우리는 모두 세금을 내고 살아. 어쩌면 매일 세금을 내고 있을 수도 있고 말이야. 세금을 낸 적이 없는데 세금을 냈다고 하니 조금 이상하지? 세금은 크게 직접세와 간접세로 구별할 수 있어. 직접세는 개별적으로 세금을 부과하는 방식인데 대표적으로 소득세가 있지. 일해서 번 돈 중 일부를 세금으로 걷는 방식이야. 직접세는 어른들이 국가에 내. 학생들은 아직 소득이 없기 때문에 세금을 내고 싶어도 낼 수가 없지.

그런데 세금에는 이렇게 개별적 소득에 부과하지 않고 물건의 가격에 세금을 포함시켜서 세금을 납부하게 하는 방식도 있어. 우리가 마시는 음료수나 과자, 햄버거에도 사실은 세금이 포함되어 있는 것이지. 이렇게 물건의 가격에 포함된 세금을 간접세라고 불러. 세금을 직접적으로 내지는 않지만 물건을 구입하는 과정에서 간접적으로 세금을 내게 만든 거야. 참고로 우리나라는 간접세 비중이 다른 나라보다 비교적 높은 편이야.

간접세는 '조세 저항'을 줄여 보자는 목적 때문에 등장했어. 옛날 중세시대 국가에서는 귀족에게 세금을 걷지 않았거든. 일종의 특권을 부여한 거지. 그러다 보니 힘없는 사람들만 세금을 내야 했어. 사람들은 당연히 항의했지. 그래서 국가는 이런 국민의 저항을 무마시키기 위해 간접적으로 세금을 걷는 방식을 생각해 냈어. 간접세는 사람들이 인식하지 못한 상태에서 냈기 때문에 거부감이 덜했거든.

또한 간접세는 세금을 정확히 걷을 수 있다는 장점이 있어. 직접세인 소득세는 소득 자체를 줄여서 신고할 가능성이 있지만, 상품에 간접세가 포함되어 있으면 물건값 자체에 이미 세금이 포함되어 있으니 물건을 구매할 때마다 바로바로 세금을 내는 셈이 돼. 게다가 조세 저항도 적어 국가 입장에서는 간접세를 선호하는 것이 당연하지.

하지만 간접세는 불평등한 세금이야. 누구에게나 똑같은 세금을 걷으니 겉으로 보기에는 평등해 보이지만, 사실 간접세는 사람들의 소득을 무시하기에 불평등해. 예를 들어 1년에 1억 원을 버는 A라는 사람과 1년에 1,000만 원을 버는 B라는 사람이 있다고 해 보자. 그리고 두 사람은 모두 우유를 자주 산다고 가정해 볼까? 이때 A와 B가 똑같은 세금을 내는 것이 과연 공평한 일일까? A와 B 사이에는 뚜렷한 소득의 차이가 있어. 하지만 두 사람이 1년 동안 마시는 우유의 양은 크게 차이가 없지. 그런데 간접세는 A와 B가 마시는 우유에 세금을 매기기 때문에 소득의 차이를 무시하게 돼. 만약 소득세를 통해서 세금을 걷는다면, 1년에 1억 원을 버는 A가 1,000만 원을 버는 B보다 10배의 세금을 더 많이 내야 하는데 말이야.

불평등을 해소하는 세금

이번에는 세금이 어떤 역할을 하는지 살펴보도록 할까? 사실 많은 사람들이 세금을 납부하면서도 왜 세금을 내는지 모르는 경우가 참 많아. 그래서 어떤 사람들은 세금을 내지 않으려고 온갖 방법을 다 동원하기도 해. 만약 세금이 어디에 쓰이는지 안다면 그러지 않을 텐데 말이야.

세금이 어디에 쓰이는지 알 수 있는 가장 쉬운 예는, 불이 났을 때 어디에 신고해야 하는지 생각해 보면 돼. 소방관들은 우리 몸이 아프거나, 집에 불이 나거나 했을 때 위험을 무릅쓰고 달려와 주시지. 다들 그분들이 얼마나 대단한 분들인지는 알고 있지? 이렇게 소방관이 타고 달리는 불자동차도 세금으로 구입하고, 불자동차가 달리는 도로도 세금으로 관리돼. 게다가 소방서를 건설하는 일도 세금을 통해서 이루어지고 말이야.

세금의 종류

　세금에는 워낙 다양한 구별이 존재해. 국가의 규모가 커지면서 거두어들이는 세금의 종류도 다양해졌기 때문이지. 우선 세금은 직접세와 간접세로 나눌 수 있어. 직접세는 세금을 내야 하는 사람이 직접 국가에 내는 세금이야. 소득세, 법인세, 재산세, 자동차세 등이 여기에 속해. 소득세는 일을 해서 번 소득에 부과되는 세금이야. 회사가 이익을 남겼을 때는 법인세를, 집이나 땅 같은 재산을 보유하고 있는 사람은 재산세를, 자동차를 소유하고 있으면 자동차세를 내야 하지. 간접세는 물건을 살 때 내는 부가 가치세, 이동할 때 내는 통행세처럼 간접적으로 국가에 내는 세금을 말해.

　세금은 걷는 주체에 따라 국세와 지방세로 나눌 수도 있어. 다시 말해 국가에서 걷는 세금은 국세라고 하고, 서울시와 같은 특정한 자치 단체에서 걷는 세금은 지방세라고 하지. 국세는 중앙 정부에 필요한 재원을 위해 거두어들이는 세금으로, 군대의 유지 등 모든 국민에게 필요한 일을 위해 사용돼. 지방세는 자치 단체를 위해 사용되지.

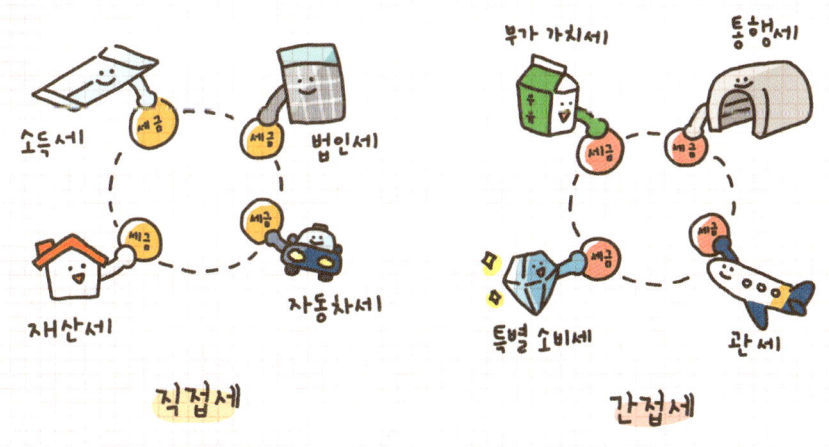

이렇게 세금은 기본적으로 한 국가의 국민을 보호하기 위해 다양하게 쓰여. 우리가 소방관이나 경찰관에게 도움을 받을 수 있는 이유는 우리가 세금을 내기 때문이고, 도로나 도서관을 이용할 수 있는 이유도 세금을 내기 때문이야. 처음 세금은 외부의 적으로부터 국민을 보호하거나 국민의 안전을 위해 사용되었지만, 경제가 발전하면서 세금은 셀 수 없이 다양한 곳에 사용되기 시작한 거야.

간접세가 직접세보다 불평등하다는 말 기억하니? 사실 세금이 '평등하다 불평등하다'라고 말하는 이유는 세금의 역할 중 하나가 불평등을 해소하는 역할을 하고 있기 때문이야. 경제가 성장하면서 자연스럽게 잘사는 사람과 못사는 사람으로 나누어지게 되었는데, 이런 빈부 격차는 처음에는 무척 자연스럽게 보였어. 하지만 시간이 지날수록 격차는 점점 심해졌고, 사람들은 여러 문제점을 인식하게 되었지.

국가 역시 처음에는 못사는 사람을 도와줄 필요성을 느끼지 못했어. 왜냐하면 누군가 돈을 많이 벌어서 잘사는 이유는 그 사람의 능력이 뛰어났기 때문이라고 생각했거든. 하지만 시간이 지나면서 그것이 꼭 맞는 말이 아닐 수 있다고 생각하게 되었어. 돈이 많으면 더 많은 돈을 벌기도 쉽기 때문이지.

건물을 가진 사람들을 생각해 보면 쉽게 이해할 수 있을 거야. 돈을 많이 벌어서 큰 건물을 하나 장만하면, 건물을 대여해 임대료를 받기만 하면 되잖아. 이럴 경우 건물을 소유한 사람은 계속 부자가 될 것이고, 임차인들은 계속 가난을 벗어나기 힘들게 되지.

그래서 국가는 세금을 걷어서 가난한 사람들의 삶을 도와줄 필요가 있다고 생각했어. 소득에 따라 세금을 걷으면, 우선 그 자체로 사람들 사이

사회 보장 제도

사회 보장 제도는 국민이 실업이나 질병으로 소득이 없을 때 일정한 도움을 주는 제도를 의미해. 국민의 인간다운 삶을 위해 국가가 최소한의 생활을 보장하는 거지. 사회 보장 제도는 미국에서 경제 대공황을 극복하기 위해 시작되었어. 일반 국민의 생활을 보장해 주어야지만, 국가 전체의 안정적인 생활이 보장될 수 있다는 철학이 담겨 있지.

사회 보장 제도는 사회 보험과 공적 부조로 구별할 수 있어. 사회 보험은 건강 보험이나 국민연금처럼 혜택을 받는 사람이 일정한 돈을 부담하는 형태야. 그에 반해 공적 부조는 국가가 비용을 전부 부담해서 생활할 능력이 없는 사람의 최소한의 인간다운 삶을 보호하는 제도이지. 대표적으로 '기초 생활 수급 제도'가 있어.

의 격차를 줄일 수 있어. 그리고 소득에 따라 걷은 세금을 소득이 없는 사람들을 위해 사용하면 다시 한번 사람들 사이의 빈부 격차를 줄일 수 있게 되는 거지.

이렇게 사람들 사이의 격차를 줄이면 뭐가 좋은지 알아? 우선은 상품을 구입할 사람들이 많아져서 소비가 늘어나게 되고, 이 과정에서 기업은 상품을 팔아서 이윤을 얻을 수 있는 확률이 높아져. 그리고 기업이 이윤을 얻으면, 기업은 더 많은 상품을 만들기 위해 더 많은 일자리를 창출하지. 이런 현상이 반복되면, 국가 전체의 경제가 발전하는 효과가 나타나게 돼.

최근에는 세금을 이용해서 복지 제도에 사용하는 국가들이 많아졌어. 우리나라도 이런 흐름에 발맞추어 나가고 있지. 하지만 아직은 걸음마 단계야. 덴마크 같은 북유럽 국가의 경우에는 국민들이 먼저 세금을 더 내게 해 달라고 요청한대. 세금을 더 내고 더 많은 복지 혜택을 받고 싶어 하기 때문이지. 아마 우리나라도 앞으로는 이렇게 변하지 않을까?

글로벌 경제는 기업에 수익을 창출해 줘.

글로벌 경제는 약소국에 악영향을 끼쳐.

상인과 무역

콜럼버스라는 이름을 들어 본 적 있지? 맞아, 신대륙을 발견한 유명한 탐험가야. 콜럼버스는 1492년 신대륙 발견을 위한 항해를 시작하는데, 그의 진짜 목적은 신대륙 발견이 아니었어. 그의 목표는 인도로 가는 새로운 바닷길을 발견하는 거였지. 지금은 인도가 어디 있는지 정확히 알지만, 당시만 해도 지구에 어떤 대륙이 어디에 있는지 누구도 알지 못했거든.

콜럼버스도 마찬가지였어. 당시 스페인에서 인도로 가기 위해서는 동쪽으로 가야 했는데, 그는 서쪽으로 항해를 시작했어. 물론 결과적으로는 그런 콜럼버스의 시도가 지금의 아메리카 대륙을 발견하게 해 주었지만, 무척 위험한 시도였지.

크리스토퍼 콜럼버스

그럼 콜럼버스는 왜 인도를 가려고 했을까? 그것도 새로운 길로 말이야. 사실 콜럼버스는 무역을 하고자 했었어. 당시 대부분의 국가는 한정된 상품만을 생산할 수 있는 처지였거든. 당연히 한 국가에서 만들 수 있는 물건이 많지 않다 보니, 사람들은 필요한 물건을 다른 나라와 교환하는 방법을 택했지.

탐험가로 유명한 콜럼버스는 물건을 사고팔기 위해 항해를 시작했어.

　이렇게 국가 간에 물건을 교환하는 것을 무역이라고 해. 만약 무역이 없었다면 우리는 오렌지나 바나나, 키위, 파인애플 같은 열대 과일을 먹지 못했을 거야. 열대 지방에 직접 가서 먹지 않는 이상 말이야.

　무역을 담당하는 사람들의 대부분이 상인이었는데, 그들은 엄청난 탐험가이기도 했어. 새로운 물건을 얻기 위해서 언제나 새로운 장소를 찾아 떠났거든. 그래서 콜럼버스는 탐험가로 세상에 알려졌지만, 실제로는 상인이었지. 탐험가와 상인이 하는 일이 크게 구별되지 않았던 시대였어.

　상인들에게 새로운 상품은 새로운 이윤을 얻을 수 있는 기회를 의미했어. 그런데 시간이 지나면서 새로운 상품을 얻는 것보다 새로운 장소를 찾아내는 것이 더 중요해졌지. 새로운 물건을 자신이 사는 곳으로 수입해서 이익을 얻을 수도 있지만, 자신이 갖고 있는 물건을 새로운 장소에 수출해서 이익을 얻을 수도 있다는 사실을 알게 되었거든.

이런 수출의 중요성을 이해한 상인들은 점점 더 새로운 곳을 찾기 위해 노력했어. 아시아를 여행하고 『동방견문록』을 남긴 이탈리아의 상인 마르코 폴로, 유럽에서 대서양을 지나 태평양으로 나가는 바닷길을 연 마젤란 같은 위대한 탐험가들도 이 때문에 탄생할 수 있었지. 결국 수많은 상인들이 무역에 뛰어들었고, 그 결과 전 세계 방방곡곡은 연결되기 시작했어.

우리가 지금과 같은 교통수단을 편리하게 이용할 수 있게 된 것도 따지고 보면 상인들의 무역 덕분이야. 상인들이 배를 타고 새로운 곳을 찾게 되면서 무역이 시작되었고, 그것이 시간이 지나면서 교통수단의 발달로 이어졌거든. 과거가 배였다면 현재는 비행기를 통한 무역이 대표적이지. 비행기 또한 무역에 이용되다가 사람들의 일반적인 교통수단으로 이어졌고 말이야. 무역이 가져다준 부수적인 이득이지.

국가에 이익을 주는 무역

상인들은 자신들의 이익을 위해 무역을 했지만, 무역은 사실 수출과 수입을 하는 모든 국가에게 이득이 되는 경향이 있어. 자신의 국가에서 사용하고 남는 물건을 다른 국가의 새로운 물건과 교환하면 서로 이득이 될 테니깐 말이야.

그런데 만약 국가가 필요한 물건을 모두 자급자족할 수 있다고 하면, 그때도 무역이 국가에 이득이 될까? 무역을 상품의 교환이라고만 생각한다면, 나라 안에서 모든 물건을 만들 수 있는 경우엔 무역이 필요 없지. 그런데 무역은 상품의 교환 이상의 목적이 있어. 바로 상품을 얼마나 효율적으로 만들 수 있는지도 중요하거든. 모든 상품을 만들 수 있는 국가도 잘 만들 수 있는 상품과 그렇지 않은 상품이 있을 수 있잖아. 그렇기 때문에 다른 국가보다 어떤 상품을 만드는 데에 더 많은 비용이 들 경우, 굳이 힘들게 그 상품을 생산하지 않고 무역을 통해 수입하는 게 더 이득인 경우가 많아.

하나의 상품을 만들 때에는 여러 가지 요소가 필요해. 대표적으로 기계와 원료, 노동자가 필요하지. 그런데 이런 요소 사이에는 국가마다 차이가 존재해. 어느 국가는 노동자의 임금이 비싸고 어느 국가는 원료의 가격이 비싼 것처럼 말이야. 그러다 보니 각 국가의 상품에 들어가는 비용이 달라지지. 이는 결국 국가마다 상품 가격의 차이를 만들어 내.

만약 A국과 B국 모두 컴퓨터를 만드는데, A국은 50만 원이 들고, B국은 30만 원이 든다고 해 보자. 두 국가가 만든 컴퓨터의 품질은 같은 상태이고 말이야. 이 상황에서 A국은 컴퓨터를 만들수록 손해를 보는 거야. 왜냐하면 B국과 무역을 통해 컴퓨터를 수입하는 편이 자신이 만드는 것보다 비용이 적게 들기 때문이지.

차라리 A국은 B국에서 컴퓨터를 수입하고 대신 자신이 컴퓨터를 만들 때 들어갔던 비용을 자동차나 세탁기 등 다른 것을 만드는 데에 사용하면 더 이득을 볼 수 있어. 마찬가지로 B국은 자신이 효율적으로 만들 수 있는 컴퓨터 생산에 집중하고, 상대적으로 다른 국가에 비해 비효율적으로 생산되는 상품을 A국이나 다른 국가에서 수입하면 되지. 그러면 모든 국가는 더 많은 상품을 효율적으로 생산할 수 있게 되는 거야.

경제 관련 국제기구

한 국가의 경제 규모가 커지고, 전 세계가 연결되면서부터 많은 문제가 등장하기 시작했어. 국가 간에는 힘의 차이가 존재하기 때문에 힘이 센 국가가 약한 국가를 괴롭히는 경우도 많았지. 그래서 이런 다양한 문제를 해결하기 위해 국제기구를 만들었어. 국제기구란 어떤 국제적인 활동이나 목적을 위해 이루어진 국가 간의 연합을 말해. 대표적인 몇몇 기구를 살펴보자.

 세계 무역 기구(WTO, World Trade Organization)

세계 무역 기구는 세계를 하나의 거대한 통합된 시장으로 만들기 위한 국제기구야. 분명 무역이 모든 국가에 이득이 된다는 것을 많은 국가들이 알았지만, 경제가 위기에 빠지면 그 사실을 망각하곤 했어. 그래서 무역을 자유롭게 하는 것을 방해하는 국가를 제재하고, 자유로운 무역을 보장하기 위해 국제기구를 만들었지. 그게 바로 1995년에 만들어진 세계 무역 기구야.

경제 협력 개발 기구(OECD, Organization for Economic Cooperation and Development)

경제 협력 개발 기구는 경제 성장을 위해 여러 국가가 연합해서 정책 연구나 협력·개발을 하는 국제기구야. 많은 국가들이 어느 순간부터 경제 성장이나 경제 위기가 한 나라의 문제만이 아니라는 사실을 파악했거든. 그래서 이런 세계적 문제에 대해 예방하고 미리 대처할 국제기구가 필요하다고 생각했지. 경제 협력 개발 기구는 이런 변화된 상황에 대처하기 위해 탄생했어. 우리나라는 1996년에 가입했어.

국제 통화 기금(IMF, International Monetary Fund)

국제 통화 기금은 1945년에 설립되었어. 당시는 제2차 세계 대전이 거의 끝나 가고 있었기에 각국이 경제 개발을 위해 노력할 때였어. 경제 개발을 위해서는 지금도 그렇지만 무역이 중요했는데, 세계 무역의 안정적인 유지 발전을 위해 국제 통화 기금이라는 국제기구를 만들었어. 우리나라는 1997년에 국제 통화 기금에 구제 금융을 받았어. 당시 우리나라가 가지고 있던 외환 보유액이 부족했기 때문이야. 외환이 부족하면, 다른 국가에 수입한 상품에 대한 값을 지불할 수가 없고 무역 질서가 엉망이 될 수밖에 없지. 국제 통화 기금이 우리나라에 구제 금융을 제공한 것은 바로 무역 질서가 망가지는 것을 예방하기 위해서야.

 국제 부흥 개발 은행(IBRD, International Bank for Reconstruction and Development)

국제 부흥 개발 은행은 국제 통화 기금과 형제지간이라고 볼 수 있어. 설립된 시기가 1944년으로 비슷하거든. 국제 부흥 개발 은행은 제2차 세계 대전으로 피폐해진 나라들의 재건을 도왔어. 지금은 경제 개발을 위해 돈이 필요한 국가에 돈을 빌려주어 빈곤에서 벗어날 수 있게 돕고 있지. '세계은행'이라고도 불러.

이제 세계는 하나의 시장처럼 변화하게 되었어. 모든 국가는 수출과 수입을 더 자유롭게 하고자 했지. 그리고 이런 국가 간 수출과 수입이 반복되자, 특정 국가끼리는 서로 의존하는 관계가 형성되었어. 전 세계가 하나의 경제 공동체로 변화하고 있는 중인 거지. 이런 현상을 보통 '글로벌 경제'라고 부르기도 해.

분업의 원리

혹시 학교에서 과제를 조별로 나누어서 해 본 적 있어? 조별로 과제를 해 보면 여러 장점이 있는 것을 알 수 있을 거야. 우선 다른 친구들의 생각을 들어 볼 수 있는 기회가 생기지. 그 과정에서 나와 다른 생각을 가진 친구가 있으면, 토론도 하고 설득도 하게 되고 말이야. 물론 의견이 맞지 않아서 싸우기도 하지만, 서로의 의견을 조율하는 것은 민주주의 사회에서 무척 중요한 일이야. 우리가 살아가면서 꼭 배워야 할 덕목이지.

특히 조별로 과제를 하게 되면 분업의 원리를 파악할 수 있기도 해. 다들 분업이 무엇인지는 알지? 맞아, 일을 나누어서 하는 것을 분업이라고 해.

분업은 자본주의 사회에서 중요한 원칙 중 하나야.

하나의 과제를 여러 명의 친구들과 같이 해야 될 경우, 우리는 본능적으로 일을 나누어서 하려고 해. 잘하는 일이 다르기 때문에 분업을 하면 더 효율적으로 일을 할 수 있게 되지.

더구나 이런 분업은 우리가 사는 자본주의 사회에서 중요한 원리 중 하나야. 사회에 나가게 되면, 모두 분업의 원리에 따라 일을 해. 자신이 잘할 수 있는 일만을 반복적으로 하게 되지. 노래를 잘하는 사람은 노래만 부르고, 운동을 잘하는 사람은 운동만 하잖아. 그렇게 한 가지 일을 오래 하다 보면, 어느새 그 분야에 남들보다 뛰어난 전문성을 갖게 돼. 이런 현상은 모두 분업의 원리에 의하여 생겨난 거야.

이렇듯 분업은 어떤 일의 효율성을 높이는 대표적인 방법이야. 개인의 능력을 높여 주거든. 그리고 분업으로 각 개인의 능력이 높아지면, 사회 전체의 능력이 높아질 수 있어. 한마디로 분업이 사회 전체를 좋게 만들어 주는 거지.

무역에서의 분업

분업의 원리를 무역에 적용하려고 한 사람이 있었어. 바로 경제학의 아버지인 애덤 스미스야. '보이지 않는 손' 기억나지? 애덤 스미스는 이런 분업의 원리를 무역에도 적용하고자 했어. 모든 국가가 자신이 잘 만들 수 있는 상품을 만들고, 무역을 해서 교환하게 되면 무역에 참여한 모든 국가가 더 잘살 수 있다는 이론이었지.

무역에 대한 이런 생각은 굉장히 혁신적이었어. 가난한 국가도 무역을 하면 부자가 될 수 있다고 하니 다들 솔깃했지. 그리고 실제로 무역을 하면 분명 이득이 생기긴 했어. 그런데 이런 무역을 통한 이득이 모든 국가에게

보호 무역과 자유 무역

국가의 무역 정책에는 크게 보호 무역과 자유 무역이 있어. 보호 무역을 추진하는 국가는 수입은 억제하고 수출만을 장려하지. 보통 개발 도상국들이 보호 무역 정책을 펼쳐. 우리나라도 1970년대에는 보호 무역을 추구했어. 보호 무역을 추구하는 이유는 자국의 상품이 경쟁력이 없을 경우, 일정 기간 그 상품을 보호해서 경쟁력을 갖춘 다음, 시장을 개방하려는 의도가 깔려 있지. 그에 반해 자유 무역은 수출과 수입에 어떤 장벽도 없는 정책이야. 자유로운 무역이 더 많은 이득을 창출한다는 믿음을 기반으로 하지. 자유 무역을 추구하는 대표적인 나라가 미국이야. 그런데 최근에는 미국 내에서 자유 무역 정책이 자국에 도움이 되지 않을 수 있다는 비판이 있기도 하단다.

공평하게 돌아가지 않는다는 문제가 있었어. 무역이 활발하게 일어나는 현재에도 부자 국가는 계속 부자가 되고, 가난한 국가는 계속 가난하잖아.

왜 이런 문제가 생겨났을까? 우선 무역은 절대로 같은 조건에서 이루어지지 않기 때문이야. 인구 이외에는 다른 모든 조건이 같은 나라 A와 B가 있다고 해 보자. A국은 컴퓨터를 만들어서 B국에 팔고, B국은 자동차를 만들어서 A국에 팔아. 그런데 A국은 인구가 100명이고, B국은 인구가 1,000명이라면, 무역으로 이득을 보는 국가는 어디일까? 아마도 인구가 적은 A국일 거야. 무역을 안 했을 경우, A국은 100명에게밖에 컴퓨터를 팔지 못하지만, B국과 무역을 하면서 1,000명의 사람들에게 컴퓨터를 팔 수 있게 되니깐 말이야. 국가마다 인구의 차이가 있고, 이는 곧 시장의 규모 차이를 의미해. 인구가 적은 국가들은 그래서 인구가 많은 국가와 무역을 하려고 노력하지. 큰 시장에 물건을 수출할수록 더 많은 이익을 얻을 수 있으니까 말이야. 물론 인구 외에도 화폐의 가치 차이 또한 있을 수 있어. 그러면 더욱 불공정하게 되지. 상품을 생산하는 기술의 차이가 있어도 그렇고 말이야. 이렇게 국가 간의 다양한 차이가 무역을 더욱 불공정하게 만들어.

피해만 보는 국가

혹시 아이들이 강렬한 햇빛을 맞아 가며 일하는 모습을 본 적 있니? 학교에 가고 싶어도 종일 일을 해야 해서 학교에 갈 수 없는 아이들이지. 왜 이 아이들은 학교에도 못 간 채 일해야 할까? 바로 무역 때문이야. 앞에서

노동 현장으로 내몰린 어린이들 ⓒ연합뉴스

국제 노동 기구

1919년 스위스 제네바에 노동자들의 노동 조건 개선과 지위 향상을 위해 국제 노동 기구(ILO, International Labour Organization)가 설립되었어. 국제 노동 기구는 세계 최고의 국제 연합 기구 중 하나이며, 1946년에는 유엔 전문 기구가 되었지.

경제가 성장하는 과정에서 각국의 수많은 노동자들이 열악한 노동 환경에 시달렸어. 하지만 힘이 약해 스스로를 보호하기 힘들었지. 그래서 국제 노동 기구는 개발 도상 국가에 노동법을 만들어 주거나, 기술을 원조해 주는 등 노동 문제에 도움을 주려고 적극적으로 나섰지. 그 결과 1969년에는 노벨 평화상을 받기도 했어. 현재 180개국 이상이 가입되어 있으며, 우리나라는 1991년 152번째로 가입했단다.

예로 든 컴퓨터를 만드는 A국과 자동차를 만드는 B국을 기억하지? 최소한 A국과 B국처럼 서로 잘 만드는 특정 상품이 있어서 무역을 하게 되면, 아마 두 국가는 차이가 조금 있어도 어쨌든 서로 이익을 보게 될 거야. 그런데 현실은 조금 냉정한 측면이 있어. 어떤 국가는 다른 국가보다 잘 만드는 상품이 하나도 없을 수 있거든. 그럴 경우 그 국가는 자신이 갖고 있는 천연자원이나 값싼 노동력을 팔 수밖에 없지. 물론 둘 다 파는 경우도 많고 말이야.

혹시 다국적 기업이라고 들어 봤어? 하나의 기업이 여러 개의 국적을 가졌을 때 다국적 기업이 되지. 그런데 조금 이상하지 않아? 기업은 분명 하나인데, 어떻게 여러 개의 국적을 가지게 되었을까?

그 이유는 다국적 기업이 상품의 생산과 판매를 하나의 국가에서만 하지 않기 때문이야. 상품의 생산에는 원료와 노동자가 필요한데, 다국적 기업은 가난한 국가의 천연자원과 노동력을 이용해서 물건을 만들곤 해. 그리고 이렇게 값싸게 만든 물건을 부자 국가인 유럽이나 미국에서 판매하는 거지.

이러한 다국적 기업의 생산 방식은 매우 효율적인 방식으로 볼 수 있어. 게다가 경제 발전이 늦은 나라에 일자리를 만들어 주는 긍정적 역할도 하고 말이야. 하지만 이런 다국적 기업의 상품 생산 과정 때문에 가난한 국가의 아이들이 학교에 가지 못하고 일만 해야 하는 상황이 벌어지기도 해. 실제로 인도의 유리 공장에서는 아이들이 전체 노동자의 절반을 차지한다고 해.

물론 가난한 국가의 아이들이 다국적 기업에서 일하는 것 자체가 이득이 되지 않는 것은 아니야. 돈을 벌기 때문에 경제적 이득을 가져오긴 하지. 다만 그 이득이 미래에 엄청난 손해로 다가올 수 있다는 게 문제야. 아이들은 우선 나이가 어리다는 이유로 어른들보다 적은 돈을 받아. 그러다 보니 돈을 벌기 위해 더 많은 시간을 일할 수밖에 없지. 게다가 일하느라고 학교에 못 가기 때문에 어른이 되어서도 좋은 직업을 갖기가 힘들어. 악순환이 반복되는 거지.

또한 다국적 기업은 오로지 자신들의 이윤만을 생각해. 그래서 그 나라의 환경이나 천연자원 고갈에 대해서는 고민하지 않아. 물건을 생산하기 위해 건설하는 공장은 반드시 환경 오염을 유발하게 되어 있거든. 폐수를 배출하거나 공기를 오염시키는 방식으로 말이야.

많은 나라들이 환경을 보호하기 위해 법으로 환경 오염을 엄격하게 규제하는 추세야. 하지만 개발 도상국들은 아직 그런 법을 만들지 못하다

주머니 속 용돈에서 글로벌 시장까지 우리의 경제는 모두 연결되어 있어.

보니 다국적 기업 때문에 환경 오염에 직면하는 경우가 많아. 환경 오염에 대한 규제를 엄격히 실시하면, 다국적 기업은 상품을 생산하는 데에 드는 비용이 높아지거든. 그렇게 되면 굳이 개발 도상국에 공장을 건설할 필요가 없으니 공장 설립이나 투자, 현지인 고용 역시 하지 않겠지. 그래서 개발 도상국들은 울며 겨자 먹기로 다국적 기업의 환경 오염을 방치할 수밖에 없어.

무역은 분명 모두가 잘살기 위해 하는 건데, 현실에서는 가난한 국가는 무역을 하면 할수록 손해만 보는 경우도 있어. 그래서 이에 대한 해결책으로 '공정 무역'이 제시되기도 해. 공정 무역이란 다국적 기업이 개발 도상국에서 상품을 생산할 때 적절한 임금을 주어서 그 나라 노동자를 보호하고, 그 나라의 환경을 보호하면서 상품을 생산하는 거야.

거리를 다니다 보면 공정 무역으로 생산된 커피나 초콜릿 등을 파는 가게를 본 적이 있을 거야. 소비자들이 이런 공정 무역 상품을 많이 구입하고, 사용할수록 개발 도상국을 도울 수 있지. 우리가 구입한 공정 무역 초콜릿은 개발 도상국 어린이들에게 정당한 임금으로 지급될 것이고, 그러면 공장에서 일하는 아이들은 돈을 더 벌기 위해 학교 수업을 빠지면서까지 일하지 않아도 될 테니깐 말이야.

경제는 내 주머니 속 용돈을 어떻게 써야 하는지에 대한 고민에서 시작해. 그리고 그 고민을 출발점으로 하여 지역과 국가, 나아가 전 세계까지 모두 연결되어 있지. 우리의 선택이 다른 누군가의 삶에 깊은 영향을 끼칠 수도 있고 말이야. 물론 그 선택이 우리의 삶에도 중요한 영향을 미치는 것은 당연하지.

우리가 무언가를 꿈꿀 수 있는 것은 우리의 경제적 생활이 안정적일 때 가능해. 그렇기 때문에 돈을 쓸 때에는 언제, 어디에 쓸지 언제나 신중히 고민하면서, 항상 경제에 관심을 가질 필요가 있어. 나의 작은 선택이 나의 미래, 또는 다른 사람의 삶에도 깊은 영향을 미칠 수 있거든. 사소해 보여도 모두 중요하다고 생각할 필요가 있단다.